JESUS UND ZEIT SIND DER MORALISCHE KOMPASS DER WAHRHEIT

Die beunruhigenden Fortschritte der Gedankenlese-Technologie

G. ROMAN

Urheberrecht © 2024

JESUS UND ZEIT SIND DER MORALISCHE KOMPASS DER WAHRHEIT

Alle Rechte vorbehalten. Kein Teil dieser Veröffentlichung darf ohne vorherige schriftliche Genehmigung des Verlags reproduziert, verteilt oder übertragen werden, einschließlich Fotokopieren, Aufzeichnen oder anderer elektronischer oder mechanischer Methoden. Ausnahmen bilden kurze Zitate in kritischen Rezensionen und bestimmte andere nicht-kommerzielle Verwendungen, die durch das Urheberrechtsgesetz gestattet sind.

JESUS UND ZEIT SIND DER MORALISCHE KOMPASS DER WAHRHEIT

Aufgrund der dynamischen Natur des Internets können sich Webadressen oder Links, die in diesem Buch enthalten sind, seit der Veröffentlichung geändert haben und möglicherweise nicht mehr gültig sein. Die in diesem Werk geäußerten Ansichten sind ausschließlich die des Autors und spiegeln nicht unbedingt die Ansichten des Verlags wider. Der Verlag lehnt jegliche Verantwortung für diese Ansichten hiermit ab.

Bearbeitet von:
Gilbert Roman

Gedruckt von:
Amazon KDP

Gedruckt in den Vereinigten Staaten von Amerika
Erstausgabe, 2024, Erste Druckauflage
ISBN 9798321498682

Widmung

Ich habe an einem Beweis gearbeitet, dass die US-Regierung Gedankenmuster entschlüsseln kann. Mein ganzes Leben habe ich der Entdeckung der Wahrheit hinter der Entwicklung von Gedankenlese-Technologie gewidmet.

Mit diesem Ziel vor Augen habe ich dieses gesamte Buch verfasst. Mit der Hoffnung, andere auf die potenzielle Gefahr aufmerksam zu machen, die von dieser Art technologischer Entwicklung ausgeht. In Zukunft wird es entweder uns helfen oder uns schaden. Es gibt Grund zur Besorgnis in den Vereinigten Staaten und unter den Amerikanern.

Wie auch immer der Fall sein mag, hoffe ich doch, dass die Leser des Buches nützliche Informationen daraus mitnehmen.

Inhaltsverzeichnis

Einleitung 1

JESUS UND ZEIT SIND DER MORALISCHE KOMPASS DER WAHRHEIT 3

Kapitel Eins 4
Künstliche Intelligenz und fMRT 4
Was ist die funktionelle Magnetresonanztomographie (fMRT)? 9
Was eine fMRT kann, was noch beängstigender ist 15
Die Technologie zur Gedankenkontrolle kommt 18
Kapitel Zwei 22
DARPA will über Satelliten die Kontrolle über die Gedanken der Soldaten 22
Affen steuern einen Roboterarm mittels Gehirnimpulsen .. 25
Das Gehirnspiel 31
Genetische Modifikationen am menschlichen Gehirn 36
Kapitel Drei 38
Die Kontrolle über Gehirnlese-Technologie 38
Können Gehirnlesetechnologien und Datenschutz nebeneinander existieren? 44
FMRI-Scans zeigen unsere geistige und emotionale Zusammensetzung 54
KI und fMRT entschlüsseln die Hirndynamik des Neurofeedbacks 57
Kapitel Vier 60
CIA-Fernwahrnehmung an der Stanford University 60

Table of Contents

U.S. Gedankenkontrolle Operationen auf Kontinenten
über Jahrzehnte hinweg 68
Die geheime Suche der CIA 75
Projekt Star Gate 81
Kapitel fünf 85
Facebook finanziert KI-Gedankenlesen 85
Die ethischen Risiken der Gehirnlese-Technologie 91
Gedankenlesende Maschinenplanung 97
Gedankenlesen-Technologie ist ein Sicherheitsrisiko 102
Kapitel sechs 107
US-Militär versucht Gedankenlesen 107
Nicht-chirurgische Neurotechnologie 115
Erschreckende Gedankenlesegeräte 122
KI-gesteuerter Gedankenleser weiß, worauf du schaust. 130
Kapitel Sieben 132
Intels Gedankenlesender Computer Thought-Control ... 132
Apps zum Gedankenlesen 135
Wenn Computer anfangen, unsere Gedanken zu lesen .. 139
Die Übernahme des Unternehmens für Hirn-Signale durch
Facebook 145
Kapitel Acht 149
Das größte Sicherheitsalbtraum des Gehirns 149
Die Zukunft der Privatsphäre 163
Ethical Issues of Brain-Based Speech Decoding 166
Gehirn-Malware 182
Kapitel Neun 185
Die Gehirnspionage der Regierung 185
Ende des fünften Kapitels 192
Es gibt kein Halten der Technologie zum Lesen von
Gedanken 197
Conclusion 202

Einleitung

Ich habe mehr als 20 Jahre damit verbracht, neue Technologien zu studieren. Mein Fokus liegt darauf, diese Technologien einzusetzen, um bei wichtigen Themen zu helfen, wie zum Beispiel unschuldige Menschen aus dem Gefängnis zu befreien, denen zu helfen, die zu Unrecht eingesperrt wurden, religiöse Stätten vor unerwünschten Besuchern zu schützen und sicherzustellen, dass unsere Grenzen gesichert sind.

Ich habe drei wichtige Bücher geschrieben, die zeigen, was ich gelernt habe. Eines davon heißt "Die neuen Sklaverei-FMRI-Technologien Amerikas", und es gibt ein weiteres Buch namens "Die neuen Sklaverei-FMRI-Technologien Amerikas: Hinter den Kulissen und Updates." Diese Bücher habe ich unter dem Namen Jose Collazo geschrieben. Sie sind wirklich wichtig, weil sie darüber sprechen, wie Technologie und Menschenrechte miteinander verbunden sind.

Im Moment untersuche ich etwas Großes. Es scheint, dass einige Länder Beweise dafür haben könnten, dass es eine göttliche Macht gibt, wie Gott. Ich untersuche Menschen, die religiöse Erfahrungen gemacht haben, um zu sehen, ob es irgendwelche Beweise dafür gibt. Ich benutze Dinge wie Satellitenkameras und geheime Aufzeichnungen, um mehr herauszufinden. Das könnte viele Dinge ändern, wenn es wahr ist.

Wenn Sie meine Arbeit lesen, werden Sie sehen, dass es nicht nur um Fakten und Zahlen geht. Es geht darum, zu hinterfragen, was wir wissen, Barrieren zwischen verschiedenen Studienbereichen abzubauen und neue Ideen zu erkunden, wo Technologie, Gerechtigkeit und Spiritualität aufeinandertreffen. Meine Geschichte handelt nicht nur von Forschung; es geht um die Kraft des Wissens, die Stärke menschlicher Neugier und die niemals endende Suche nach Wahrheit in einer Welt voller Geheimnisse.

G. ROMAN

JESUS UND ZEIT SIND DER MORALISCHE KOMPASS DER WAHRHEIT

Kapitel Eins
Künstliche Intelligenz und fMRT

Die Entscheidungsträger sind hektisch bemüht, die Kontrolle über Technologien zu erlangen, die Zugang zu den inneren Funktionen des Gehirns ermöglichen. Die Gedankenlesetechnologie wurde seit langem von Futuristen prophezeit. Obwohl es bereits seit vielen Jahren möglich ist, Gehirnwellenmuster zu identifizieren, fehlte bisher die Fähigkeit, sie zu interpretieren. Aber jetzt, da maschinelles Lernen und künstliche Intelligenz (KI) entwickelt wurden, können wir endlich verstehen, was in den Köpfen der Menschen vorgeht. Dies ist der allgemeine Ablauf. Forscher haben Software entwickelt, die die abgelesenen Daten aus den Gehirnen von Menschen mit Worten oder Bildern abgleicht. Sobald diese abgeglichen sind, können zukünftige Daten analysiert und für verschiedene Anwendungen verwendet werden, die den Geist offenbaren oder geistige Kontrolle ausüben.

Zum Beispiel haben Genies vom MIT ein an einem Gesicht befestigtes Gerät entwickelt, das in Echtzeit eine Sprache-zu-Text-Konvertierung durchführt, jedoch ohne die sprachliche Komponente, zusammen mit einem maschinellen Lernprogramm. Die Anwendung des maschinellen Lernens wandelt die neuromuskulären Signale, die vom Gehirn über Elektroden auf dem Gerät zum Gesicht übertragen werden, in Text um. Die subvokalisierung, auch bekannt als "stilles Sprechen", tritt anstelle der Lautsprache auf. Um bestimmte neuromuskuläre Impulse mit bestimmten Sätzen zu verknüpfen, nutzen die Forscher ein neuronales Netzwerk. Die Physiologie variiert von Person zu Person. Nach 15 Minuten Anpassung und Training konnten die Forscher eine Genauigkeit von 92 Prozent erreichen. Darüber hinaus gibt das Gerät auch Knochenleitung aus. Mit anderen Worten, Sie könnten einem virtuellen Assistenten Fragen stellen und Antworten erhalten, die nur für Sie hörbar wären, ohne dass die Personen, die vor Ihnen sitzen, etwas davon mitbekommen.

Dies ist eine unerwartete Anwendung von Gedankenlesetechnologie, da sie einfach "Anweisungen" "liest", die vom Gehirn zum Gesicht zur Sprache übertragen werden, auch wenn das eigentliche Sprechen nicht hörbar oder sichtbar stattfindet. Darüber hinaus verwandelt es eine gesprochene und hörbare Interaktion mit einem virtuellen Assistenten in ein stilles und unsichtbares Verhalten und erweitert so den Anwendungsbereich für die Verwendung eines virtuellen Assistenten.

Natürlich sieht das tatsächliche Gerät lächerlich aus. Es wird nicht in der Öffentlichkeit getragen werden. Diese Studie ist jedoch bedeutend, da sie zeigt, wie die subvokalisierung als Schnittstelle für Computer verwendet werden kann. Forscher an der University of California, San Francisco, haben ein Gedankenlesegerät entwickelt, das mentale Aktivitäten mit einer Genauigkeit von über 90 Prozent in Text umwandeln kann, indem es nur die Hirnaktivität einer Person verwendet, anstatt die von ihr subvokalisierten Worte zu interpretieren. Die Methode war etwas brutal. Die Forscher nutzten eine Epilepsiebehandlung, bei der Elektroden direkt auf die Oberfläche des Gehirns implantiert werden. Diese Elektroden wurden auch von den Forschern verwendet, um die Hirnaktivität im auditorischen Kortex zu verfolgen. Sie nutzten diese Informationen und Algorithmen, um die genauen Sprachlaute zu identifizieren, die die Person hörte.

Dies ist der erste Schritt zur Entwicklung eines Geräts, das außerhalb des Körpers getragen werden kann und dazu verwendet werden kann, "wahrgenommene" oder "generierte" Stimmen in Text umzuwandeln. Laut Studien der Carnegie Mellon University ist es möglich, "komplexe Gedanken" aus Hirnscans zu lesen und den Text entsprechend zu generieren. Die Forschung der Universität zeigte, wie komplexe geistige Prozesse es ihrer künstlichen Intelligenz ermöglichen können, vorherzusagen, was als nächstes passieren wird. Sogar Facebook arbeitet an einem Gedankenleseprojekt. Building 8, eine Abteilung des sozialen Netzwerkunternehmens, entwickelt ein System, mit dem Benutzer Facebook Messenger-Nachrichten nur mit ihren Gedanken senden können. Microsoft, das Unternehmen, das für seine Benutzeroberflächen bekannt ist, erhielt im letzten Jahr Patente für Schnittstellen, die den "Zustand eines Computers oder Programms" durch Hirnaktivität verändern.

Als Beispiel könnte man die Lautstärke der Musik senken, wenn man von lauten Geräuschen genervt ist. Es kann für eine Vielzahl von Microsoft-Geräten verwendet werden, von der Verbesserung der Mausgenauigkeit bis hin zur Ermöglichung modernster Software im Mixed-Reality-System HoloLens des Unternehmens. Die Gedankenleseforschung macht Fortschritte, indem sie Bilder anstelle von einfachen Wörtern liest. Gemäß den Hirnaktivitäten der Probanden konnte eine kürzlich durchgeführte Studie an der University of Toronto Scarborough Gesichter grob rekonstruieren, die den Probanden gezeigt wurden. 140 Gesichter wurden 13 Probanden gezeigt. Mit Hilfe eines künstlichen Intelligenzprogramms verarbeiteten die Wissenschaftler elektroenzephalographische (EEG) Messdaten und erstellten verschwommene, aber erkennbare Kopien der den Probanden gezeigten Bilder.

Die Forscher sind zuversichtlich, dass sie in der Lage sein werden, Gesichter bald ausschließlich anhand des Gedächtnisses wiederherzustellen, was offensichtlich Anwendungen in der Strafverfolgung hat. Japanische Wissenschaftler an der Universität Kyoto entwickeln ein neuronales Netzwerksystem, das ähnlich wie die Studie der University of Toronto funktioniert. Anhand von funktioneller Magnetresonanztomographie (fMRT) -Scans und künstlicher Intelligenz kann es das Erscheinungsbild von Bildern aufgrund des Blutflusses zum Gehirn ableiten.

A.I. und fMRT-Technologie werden auch von Forschern der Purdue University eingesetzt, um Gedanken zu lesen. Sie verwendeten A.I., um ihrem Programm beizubringen, die Gehirnaktivität im visuellen Kortex vorherzusehen, während sie Videos an Testpersonen zeigten. Mit Übung konnten sie allein anhand der Gehirnaktivität bestimmen, worauf die Person schaute. Es tauchen immer mehr Apps auf, die Gedanken lesen können.

Im Virtual-Reality-Videospiel Awakening, entwickelt von der Firma Neurable, können Sie Gegenstände allein mit Ihren Gedanken aufheben und werfen. Das Spiel umfasst ein Kopfband mit Elektroden, das mit einem HTC Vive VR-Headset verbunden ist. Ähnlich wie bei der MIT-Technologie verwendet das Spiel von Neurable die Hirnaktivität als Befehle oder Anweisungen, anstatt "Gedanken" zu lesen.

Das Unternehmen Looxid Labs, ein Teilnehmer am Vive X Accelerator-Programm von HTC, entwickelt eine mobile VR-Headset mit eingebauter Emotionserkennungstechnologie, die sowohl Eye-Tracking als auch die Überwachung von Gehirnwellen verwendet. Das Unternehmen hat auch HTC Vive-Anhänge entwickelt, die das gleiche Ziel erreichen. Im Sommer sollen Entwicklerkits erhältlich sein.

Auf dem Genfer Autosalon 2018 präsentierte der Automobilhersteller Nissan sein Konzeptfahrzeug IMx KURO, das ein EEG-Kopfband enthält. Das Gerät nutzt aufgezeichnete Gehirnwellen, um die Reaktionszeit des Fahrzeugs zu verkürzen. Wenn zum Beispiel erkannt wird, dass der Fahrer die Bremsen betätigen möchte, beginnt das Fahrzeug bereits zu bremsen, noch bevor der Fahrer dies tut. Laut Nissan kann dadurch die Reaktionszeit um bis zu eine halbe Sekunde verkürzt werden.

G. ROMAN

Was ist die funktionelle Magnetresonanztomographie (fMRT)?

Die funktionelle Magnetresonanztomographie ist eine Technologie, die Gehirnaktivitäten erkennt, indem sie Veränderungen im Blutfluss misst. Wenn Neuro-Radiologen fMRTs durchführen, verwenden sie denselben Scanner und dieselbe Schnittstelle wie bei MRIs (Magnetresonanztomographie).

Bei beiden Bildgebungsverfahren liegt der Patient ruhig in einem langen, röhrenförmigen Magneten. Der Magnet nutzt die magnetischen Eigenschaften des Körpers, um sehr klare Bilder zu erzeugen. Während eine MRT-Untersuchung Ärzten ermöglicht, die Organe, Gewebe oder Knochen eines Patienten zu betrachten, kann die fMRT die Gehirnaktivität in Echtzeit verfolgen. Ärzte können somit untersuchen, wie das Gehirn einer Person funktioniert, während diese wach ist.

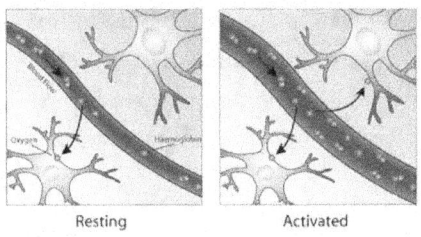

(Source: www.open.edu)

Die meisten fMRTs werden kurz nach einer Diagnosestellung durchgeführt. Die entstehenden Bilder können Ärzten und Patienten dabei helfen zu entscheiden, ob eine Operation sinnvoll ist.

In der Regel werden die Untersuchungen 24 bis 48 Stunden vor dem geplanten operativen Eingriff durchgeführt. Kurz vor der Operation sind die Bilder daher am vollständigsten und genauesten. fMRTs helfen Neurochirurgen bei der Vorbereitung auf eine Gehirnoperation, damit sie den richtigen Teil des Gehirns im Operationssaal finden können.

Ein funktionelles MRT ähnelt einem normalen MRT in Bezug auf die Durchführung. Der Patient liegt mit dem Gesicht nach oben auf einer flachen Liege und wird in eine lange, röhrenförmige Maschine geschoben. Der Vorgang ist schmerzlos, aber manche Menschen können unter Platzangst leiden oder sich durch die lauten Geräusche, die die Maschine während der Untersuchungen erzeugt, gestört fühlen.

Die Patienten erhalten Anweisungen innerhalb des Scanners, die digital in einer Brille angezeigt werden, ähnlich einer Virtual-Reality-Brille (VR). Die Aufgaben sind einfach, wie z. B. die linke Hand zu drücken oder an Wörter zu denken. Die funktionellen Gehirnbereiche, die im Scanner aktiviert werden, werden dann den regulären MRT-Bildern der Hirnanatomie des Patienten hinzugefügt. Der Hauptunterschied besteht darin, dass während einer fMRT Ärzte dem Patienten Anweisungen geben und ihn bitten, ruhige Gehirnübungen auszuführen, während er still liegt.

Die Übungen lassen bestimmte Teile des Gehirns intensiver arbeiten, was zu einer verstärkten Durchblutung und Sauerstoffzufuhr in diesen Bereichen führt. Diese Aktivität wird auf den Bildern, die der Scanner erzeugt, sichtbar, und Ärzte erhalten eine Karte des Gehirns des Patienten, die sie betrachten können. Ein normales MRT des Gehirns dauert etwa 20 bis 30 Minuten, während eine fMRT zwischen 40 und 55 Minuten in Anspruch nimmt.

Wenn eine Operation nicht sofort geplant ist, können sich Patient und Arzt die Bilder ansehen und entscheiden, wie es weitergehen soll. Wenn beispielsweise ein Tumor teilweise die motorischen Fähigkeiten oder das Sprachzentrum beeinträchtigt, kann der Patient sich dafür entscheiden, nur einen Teil des Tumors zu entfernen oder den Tumor mit Strahlentherapie anstatt einer Operation zu behandeln.

Laut Dana.org in ihrem Artikel "Die zwei Gesichter der MRT":

"Unabhängig davon, wie schwierig es ist, die MRT in der kognitiven Neurowissenschaft einzusetzen, werden weitere Verbesserungen dieser Technologie definitiv eine enorm positive Wirkung auf die Hirnforschung sowohl im Labor als auch in der Klinik haben. Ich glaube jedoch, dass die wichtigsten Erkenntnisse aus der MRT Studien über die Struktur des Gehirns sein werden, nicht die heutigen fehlerhaften Versuche, Funktionen des Geistes zu lokalisieren, die nicht klar definiert sind. Um herauszufinden, wohin die MRT führt, müssen wir uns anschauen, wie sich bildgebende Geräte in den letzten Jahren verändert haben. Im Folgenden spreche ich sowohl über die traditionelle MRT als auch über die funktionelle MRT oder fMRT, die sich darauf konzentriert, neuronale Aktivität (Funktion) anstelle der Anatomie (Struktur) zu finden."

Im Jahr 1990 entwickelte Seiji Ogawa und eine von ihm geleitete Gruppe bei den Bell Laboratories die fMRT-Methode.

Seitdem wurden in den letzten Jahren erstaunliche Fortschritte erzielt. Schätzungen zufolge werden jeden Monat etwa 800 Artikel über fMRT oder deren Anwendung veröffentlicht, und es gibt bereits möglicherweise bis zu 75.000 davon. Die wichtigste Entdeckung des Teams um Ogawa war, dass sich das fMRT-Bild je nach Sauerstoffgehalt im Hämoglobin, dem Hauptbestandteil des Blutes, verändert. Diese Wissenschaftler waren die ersten, die vorschlugen, dass fMRT aufgrund des Sauerstoffverbrauchs aktiver Neuronen den Unterschied zwischen funktionell aktiven und weniger aktiven Neuronen erkennen kann. Nikos Logothetis und sein Team am Max-Planck-Institut in Tübingen, Deutschland, bestätigten diese Idee jedoch erst im Jahr 2001.

Die räumliche Auflösung von fMRT-Bildgebungssystemen hat in den letzten Jahren erhebliche Fortschritte gemacht. In der klinischen Anwendung hat die fMRT derzeit eine räumliche Auflösung von etwa einem Millimeter (ein Tausendstel eines Meters). Forscher versuchen nun, die Auflösung auf die Größe eines einzelnen Neurons zu reduzieren, was etwa wenige Mikrometer (ein Millionstel eines Meters) entspricht.

Dieses Ziel scheint schwer zu erreichen zu sein, aber Biophysiker sind sich einig, dass es keine physikalische Begrenzung dafür gibt, wie klein die räumliche Auflösung von MRT-Techniken sein kann. Es gibt jedoch viele Herausforderungen bei dem Versuch, mit solch feinen Unterscheidungen zu arbeiten. Bei der großen Menge an Daten, die in diesem Maßstab gesammelt werden können, können Experimentatoren auch dazu verleitet werden, Effekte zu ignorieren, die auf einer größeren, globalen Ebene auftreten. Dies ähnelt der Art und Weise, wie Studien über Neuronen mit

Mikroelektroden die Aufmerksamkeit von größeren Hirnregionen abgelenkt haben.

Es gibt auch andere praktische Grenzen bei Geräten mit sehr hoher räumlicher Auflösung. Selbst 1 mm Bewegung in einer Maschine kann heute zu Problemen führen. Selbst kleine Bewegungen des Gehirns können die Bilder verwischen, selbst wenn der Schädel ruhig ist. Dadurch kann ein Großteil der höheren Auflösung zunichte gemacht werden. Dennoch haben David G. Cory und seine Kollegen am Massachusetts Institute of Technology "mikroskopische" MRT-Systeme entwickelt, die gut funktionieren. Ihre Geräte können eine Auflösung von bis zu 10 Mikrometern erreichen. Wissenschaftler haben diese Methode verwendet, um zu untersuchen, wie die großen Nervenzellen von Fliegen funktionieren.

Das mikroskopische MRT-System soll die erstaunlichen groß angelegten Fähigkeiten der fMRT auf die Ebene der Aktivität eines einzelnen Neurons bringen. Dies könnte uns Informationen über sehr kleine Unterschiede im Gehirn geben, die bei niedrigeren Auflösungen nicht sichtbar werden würden. Mit zunehmender räumlicher Auflösung von fMRT-Maschinen könnten wir erstmals die lebendigen Funktionen von Hirngewebe sehen. Zuvor konnten wir nur anhand des Aussehens des Gehirns nach dem Tod vermuten, welche Funktionen es hatte. Zum Beispiel ist bekannt, dass die Neuronen im visuellen Kortex in vertikalen Säulen angeordnet sind. Mit hochauflösenden fMRT-Systemen wird es in Zukunft möglich sein, nicht nur die Struktur, sondern auch die lebendige Funktion dieser winzigen neuronalen Netzwerke detailliert zu untersuchen. In ähnlicher Weise wissen wir, dass der visuelle Kortex aus horizontalen Schichten besteht, die nur wenige Neuronen dick sind. Mit hochauflösendem fMRT könnten wir die Rolle jeder Schicht bestätigen, eine Rolle, die wir jetzt nur anhand des Aussehens oder von Experimenten mit einzelnen Mikroelektroden erraten können.

Hochauflösendes fMRT ist nicht nur nützlich für die Erforschung der Nervenzellen des Gehirns. Da fMRT den Sauerstoffgehalt im Blut anzeigen kann, könnte es möglich sein, sogar die feine Struktur der kleinsten Kapillaren im Gehirn zu untersuchen. Mikro-fMRT-Geräte könnten dazu verwendet werden, frühzeitig Informationen über Schlaganfälle zu erhalten. Mit zunehmender räumlicher Auflösung sollten wir Krebsläsionen viel früher erkennen können als derzeit. Und die Auswirkungen einer medikamentösen Therapie sollten täglich sichtbar sein, nicht nur nach Monaten oder Jahren der Behandlung.

G. ROMAN

Was eine fMRT kann, was noch beängstigender ist

fMRT ist auch beängstigend, weil es Gedanken von Menschen lesen kann. Aufgrund seiner Existenz deuten mehrere Studien darauf hin, dass es nun möglich ist, das Gehirn einer Person zu scannen und zu sehen, worüber sie nachdenken. Eine Gruppe von Wissenschaftlern der Universität von Oregon hat ein System entwickelt, das mithilfe von Gehirnscans die Gedanken von Menschen lesen und herausfinden kann, an welche Gesichter sie gedacht haben. Wie Sie bald sehen werden, waren die Ergebnisse ziemlich beängstigend.

Ein Mitglied des Teams, der Neurologe Brice Kuhl, sagte zu Brian Resnick von Vox: "Wir können die Erinnerung einer Person, die normalerweise etwas Privates und Internes ist, aus ihrem Gehirn herausholen."

Die Forscher wählten 23 Personen aus, um ihnen zu helfen, und stellten dann eine Sammlung von 1.000 Farbfotos zufälliger Gesichter zusammen. Die Bilder wurden den freiwilligen Teilnehmern gezeigt, während sie an eine fMRT-Maschine angeschlossen waren. Diese Maschine sucht nach kleinen Veränderungen im Blutfluss im Gehirn, um die Aktivität ihrer Gehirne zu messen.

Auch ein KI-Programm ist mit der fMRT-Maschine verbunden. Dieses Programm analysiert, wie die Gehirne der Teilnehmer arbeiten, während es gleichzeitig eine mathematische Beschreibung jedes gesehenen Gesichts verarbeitet. Die Forscher wiesen 300 Zahlen verschiedenen Teilen der Gesichter zu, damit die KI sie als Code "lesen" konnte.

Im Wesentlichen war diese erste Phase eine Trainingseinheit für die KI. Sie musste lernen, wie bestimmte Gehirnaktivitäten mit bestimmten Gesichtsmerkmalen übereinstimmen.

Der zweite Teil des Experiments begann, nachdem die KI genügend Übereinstimmungen zwischen Gehirnaktivität und Gesichtscodes gefunden hatte. Dieses Mal war die KI nur mit der fMRT-Maschine verbunden und musste anhand der Gehirnaktivität der Teilnehmer herausfinden, wie die Gesichter aussahen.

Alle Gesichter, die die Teilnehmer in dieser Runde sahen, waren völlig unterschiedlich von denen, die sie in der vorherigen Runde gesehen hatten. Die Maschine konnte jedes Gesicht rekonstruieren, basierend auf der Aktivität in zwei verschiedenen Gehirnbereichen: dem Angular Gyrus (ANG), der an Sprache, Zahlenverarbeitung, räumlichem Bewusstsein und der Bildung lebhafter Erinnerungen beteiligt ist, und dem Occipitotemporalen Kortex (OTC), der visuelle Reize verarbeitet.

Sie können unten die sehr seltsamen Ergebnisse sehen:

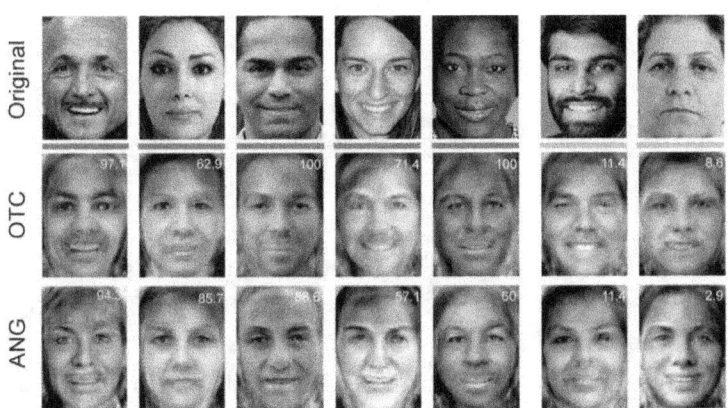

(Quelle: The Journal NeuroScience)

"Die Forscher zeigten diese rekonstruierten Bilder einer separaten Gruppe von Online-Umfrageteilnehmern und stellten einfache Fragen wie: "Ist dies ein Mann oder eine Frau?" "Ist diese Person glücklich oder traurig?" "Welche Hautfarbe hat sie?"

Die Antworten waren öfter korrekt als rein zufällig. Gedankenlesen kann Ihnen diese grundlegenden Informationen über die Gesichter mitteilen."

So konnte eine Gruppe von Menschen in gewisser Hinsicht mithilfe einer Maschine die Gedanken einer anderen Gruppe von Menschen lesen. Das Team arbeitet nun an einer noch schwierigeren Aufgabe: Menschen dazu zu bringen, ein Gesicht zu sehen, es sich zu merken und dann der KI basierend auf der Erinnerung zu sagen, wie das Gesicht aussah.

Die Technologie zur Gedankenkontrolle kommt

Wenn Wissenschaftler lernen, Gehirnwellen von der Kopfhaut zu lesen und zu manipulieren, wird dies einen dramatischen Einfluss auf die Medizin und die Kultur im Allgemeinen haben. Die elektrische Aktivität des Gehirns kann auf normale und abnormale Denkprozesse einer Person hinweisen. Die Stimulation bestimmter Gehirnschaltungen auf neuartige Weise verspricht Fortschritte bei der Behandlung neurologischer und psychischer Störungen sowie bei der Regulierung von Verhalten. Mit dem Erreichen dieser neuen Möglichkeiten stehen wir jedoch vor herausfordernden ethischen Dilemmas.

Die elektrische Aktivität des menschlichen Gehirns lässt sich untersuchen und manipulieren, was das Potenzial hat, dieselben Vorteile für den Geist zu bringen, wie es die Biochemie für den Körper getan hat. Die chemische Zusammensetzung Ihres Blutes ist eine der ersten Dinge, die Ihr Arzt überprüft, um Ihren Gesundheitszustand zu beurteilen oder eine zugrunde liegende Krankheit zu diagnostizieren. Die Kenntnis eines erhöhten Cholesterinspiegels und des damit verbundenen Schlaganfallrisikos ermöglicht es Ihnen, vorbeugende Maßnahmen zu ergreifen. Ebenso können bereits wenige Minuten der Überwachung der elektrischen Aktivität in Ihrem Gehirn mittels EEG und anderer Technologien nicht nur neurologische Erkrankungen, sondern auch psychische

Probleme wie ADHS und Schizophrenie in experimenteller Forschung zeigen, mit dem Potenzial, bald in die medizinische Praxis einzufliessen. Darüber hinaus erfordert das Wissen über die Verbindungen in Ihrem Gehirn nur fünf Minuten des Beobachtens der elektrischen Aktivität, während Sie nichts tun und Ihre Gedanken schweifen lassen.

Einblick in Ihre freifließenden Gedanken kann Ihr Intelligenzniveau, Bereiche kognitiver Stärken und Schwächen, Einblicke in Ihren Charakter und eine Vorhersage Ihrer Neigung, verschiedene Themen zu studieren, offenbaren. Die Gehirnaktivität von Vorschulkindern kann genutzt werden, um spätere akademische Erfolge vorherzusagen, wie zum Beispiel ihre Fähigkeit zu lesen.

Das Wissen über die mentalen Prozesse einer Person würde Wissenschaftlern einen erheblichen Vorteil verschaffen. Sie könnten das zukünftige Handeln einer Person vorhersehen. Indem sie die Reaktion des Gehirns auf Begriffe wie "Tod" und "Glück" überwachen, können Just und sein Team feststellen, ob eine Person suizidgefährdet ist. Die tragischen Todesfälle des Komikers Robin Williams und des Promikochs Anthony Bourdain erinnern uns daran, dass Selbstmord selten erwartet wird, da Menschen suizidale Gefühle vor jedem verbergen, selbst vor ihren Angehörigen und Therapeuten.

Das Militär hat diese Strategie übernommen, um Piloten schneller lernen zu lassen und eine bessere geistige Leistung zu erbringen. Sie können Brain-Stimulation-Geräte online kaufen oder Ihre eigenen mit neun-Volt-Batterien herstellen, da der Prozess so einfach umzusetzen ist. Wenn Sie jedoch den DIY-Weg wählen, riskieren Sie, den Verbraucher in ein Versuchskaninchen zu verwandeln.

Um das Gehirn präziser zu stimulieren, arbeiten Forscher an neuen Techniken. Es ist bekannt, dass elektrische Stimulation nicht besonders genau ist, da sie den Weg des geringsten Widerstands durch das Gehirngewebe nimmt und Neuronen aus weit entfernten Teilen des Gehirns stimuliert, deren Axone die Elektrode passieren. Mit Hilfe der Optogenetik können Wissenschaftler das Feuern von Neuronen in Tierexperimenten präzise kontrollieren. Dabei wird Laserlicht über eine Faseroptikverbindung in das Gehirn eingeführt und zur präzisen Steuerung einzelner Neuronen verwendet, bei denen lichtempfindliche Ionenkanäle durch genetische Manipulation chirurgisch eingeführt wurden. Die optogenetische Stimulation könnte, wenn sie auf Menschen angewendet wird, viele neurologische und psychische Probleme durch präzise Regulation spezifischer Gehirnschaltungen lindern. Dieser Ansatz wird jedoch nicht als ethisch angesehen.

Unternehmen der Technologiebranche stellen sich auf und bereiten sich darauf vor, Technologien zum Lesen von Gedanken zu entwickeln. Dies ist kein Skandal von der Größenordnung des Cambridge-Analytica-Debakels, bei dem Datenwissenschaftler das Benutzerverhalten analysieren, um festzustellen, dass sie amüsante Kätzchenvideos und psychedelische Bücher über die nahe Zukunft von Philip K. Dick bevorzugen. Hierbei handelt es sich um echtes Gedankenlesen im wörtlichen Sinne. Die Beteiligung von Elon Musk als einer der Personen, die sich der Entwicklung dieser Technologie widmen, lässt darauf schließen, dass dies bald tatsächlich geschehen könnte.

Sowohl Facebook als auch Elon Musks Neuralink haben sich öffentlich dazu verpflichtet, Mind-Reading-Technologie zu entwickeln. Laut einem Bericht von Vox hat Facebook angeblich Brain-Computer-Interface (BCI)-Studien finanziert. Das ultimative Ziel besteht darin, Gedanken von Neuronen im Gehirn von

Menschen aufzufangen und sie dann in Worte zu übersetzen. Bereits jetzt wurde von Facebook-Wissenschaftlern ein Algorithmus entwickelt, der die Gehirnaktivität eines Benutzers lesen und in Text übersetzen kann. Dies ist auch in Echtzeit möglich. Brain-Computer-Interface-Tests in Facebooks Reality Labs haben vielversprechende Ergebnisse bei der Entschlüsselung menschlicher Sprache gezeigt und sie auf einem Bildschirm dargestellt.

KAPITEL ZWEI
DARPA will über Satelliten die Kontrolle über die Gedanken der Soldaten

Das Büro für "Blue Sky Research" des Pentagons untersucht Möglichkeiten, die geistige Gesundheit der Soldaten zu verbessern, indem nicht nur ihr Wachsamkeits- und Denkvermögen erhöht wird. Die Forscher beabsichtigen, dies von oben herab umzusetzen, indem sie ein Gerät auf der Kopfbedeckung jedes Soldaten platzieren. Es handelt sich um die bisher modernste gehirnbasierte Forschungsinitiative des Militärs. Das Pentagon hat in letzter Zeit in Initiativen investiert, um die geistige Gesundheit der Soldaten zu verbessern, die Verletzungsgefahr zu verringern und auf posttraumatische Belastungsstörungen zu screenen. DARPA unterstützt nun ein einziges Labor mit dem Ziel, die kognitive Leistungsfähigkeit der Soldaten zu verbessern und Gehirnerschütterungen zu reduzieren.

Das Pentagon ist zunehmend fasziniert von der Erforschung des Gehirns für Anwendungen, die von geistig gesteuerten Fahrzeugen bis hin zu modernsten Prothesen reichen. Fast drei Jahrzehnte sind vergangen, seit die erste Nachricht über die frühen Knotenpunkte des Arpanet übertragen wurde, der vom Pentagon geförderten Vorläufer des Internets. Nichtsdestotrotz haben

Wissenschaftler in diesem Monat den ersten Schritt hin zum "Gehirnnetz" angekündigt, dem Austausch von Botschaften zwischen zwei Rattenhirnen.

Wissenschaftler an der Duke University implantierten Elektroden in die Gehirne von zwei Ratten, um zu demonstrieren, dass die erlernte Reaktion einer Ratte (der Encoder) im Gehirn einer anderen Ratte (dem Decoder) ohne visuelles Signal reproduziert werden kann. Mit anderen Worten: Das Gehirn einer Ratte konnte erfolgreich mit einem anderen kommunizieren.

Während der Großteil des wachsenden Neurowissenschaftsprogramms des Pentagons sich auf medizinische Anwendungen konzentriert hat, wie z. B. die Erforschung von traumatischen Hirnverletzungen, wurde in den letzten zehn Jahren auch ein erheblicher Teil der Arbeit auf Konzepte gerichtet, die dazu dienen sollen, das Militär effektiver im Krieg zu unterstützen, wie z. B. die Erforschung von Möglichkeiten, die Gehirne von Soldaten auch nach tagelangem Schlafentzug wachsam zu halten. Die Defense Advanced Research Projects Agency (DARPA) hat unter dem Begriff "Augmented Cognition" an einer Vielzahl militärischer Technologien gearbeitet, darunter Brillen, die die Gehirnaktivität eines Soldaten überwachen, um potenzielle Bedrohungen zu erkennen, noch bevor das bewusste Denken davon Kenntnis nimmt.

Eine Vielzahl von Aktivitäten wie Autofahren, Fahrradfahren und Tippen auf einem Computer sind aufgrund der unglaublichen Fähigkeit unseres Gehirns, motorische Fähigkeiten aufzunehmen, praktisch zur Routine geworden. Hier ist noch eine: Einen Computer mit deinem Geist kontrollieren.

Neue Technologien, die Gedanken eines Soldaten lesen können, könnten bald im Kampf eingesetzt werden. Dennoch haben die potenziellen Anwendungen dieser Technologie Bedenken hervorgerufen. Um die Neurowissenschaften aus dem Labor auf das Schlachtfeld zu bringen, entwickeln Militärwissenschaftler Technologien, die jedem Soldaten diese Fähigkeit bieten.

Diese Geräte nutzen das, was Neurowissenschaftler als P300 bezeichnen, eine Gehirnaktivität, die etwa 300 ms nach einer Stimulation auftritt und auf ein unbewusstes Bewusstsein für ein visuelles Objekt hinweist. Die P300 könnte als "sechster Sinn" in biologischer Hinsicht betrachtet werden.

In Afghanistan zum Beispiel könnte die Zeitspanne zwischen dem Entdecken einer Bombe, dem Überfahren und dem Auslösen der Bombe nur wenige Sekunden betragen, während es jedoch mehrere Sekunden dauern kann, bis das Gehirn sich dessen bewusst wird, was es gesehen hat.

Eine Elektroenzephalografie (EEG) kann jedoch dieses P300-Signal erkennen. In Verbindung mit einem hochmodernen Computer, der das Signal entschlüsseln kann, umgeht es die übliche bewusste Verarbeitung des Gehirns und warnt den Benutzer sofort vor einer potenziellen Bedrohung. Mit Hilfe moderner Optik könnte man sich ein Visionssystem vorstellen, ähnlich wie in Terminator, das einen Bereich scannen und Bedrohungen sofort identifizieren und kategorisieren könnte.

Sentinel (System for Notification of Threats Inspired by Naturally Enabled Learning) ist ein neues militärisches Gerät, das behauptet, das weltweit erste "kognitive-neuronale" binokulare Bedrohungswarnsystem zu sein.

G. ROMAN

Affen steuern einen Roboterarm mittels Gehirnimpulsen

Wissenschaftler an der Duke University Medical Center haben Rhesusaffen trainiert, einen Roboterarm in Echtzeit mit Hilfe von Gehirnimpulsen und visuellem Feedback zu manövrieren. Die Forscher stellten fest, dass die Tiere den Roboterarm so nutzten, als wäre er eine Erweiterung ihres eigenen Körpers.

Wissenschaftler und Ingenieure sind der Ansicht, dass ihre Arbeit einen großen Schritt zur Entwicklung von Technologien darstellt, die es gelähmten Menschen ermöglichen würden, "neuroprothetische" Gliedmaßen und möglicherweise frei bewegliche "Neuroroboter" mithilfe von Gehirnimpulsen zu steuern.

Neurowissenschaftler haben festgestellt, dass die von ihnen entwickelten Werkzeuge zur Analyse von Gehirnimpulsen bei Verhaltensstudien auch dazu beitragen könnten, die Genesung von Menschen zu unterstützen, die infolge von Krankheit oder Unfall eine Rückenmarks- oder Hirnschädigung erlitten haben. Die Forscher behaupteten, dass Kliniker Menschen mit Hirnverletzungen besser behandeln könnten, wenn sie mehr über die biologischen Prozesse wüssten, die die Plastizität des Gehirns regulieren.

Neurowissenschaftler unter der Leitung von Miguel Nicolelis, M.D., Professor für Neurobiologie und Mitdirektor des Duke Center for Neuroengineering, haben die Entwicklung in einem am 13. Oktober 2003 online veröffentlichten Artikel in der Public

Library of Science (PLoS) bekannt gegeben. Hauptautor des Artikels war Jose Carmena, ein Doktorand in der Nicolelis-Gruppe. Craig Henriquez, Ph.D., Associate Professor für Biomedizintechnik an der Pratt School of Engineering, ist der andere Mitdirektor des Zentrums und ein leitender Co-Autor des Artikels. Die Studie wurde von der James S. McDonnell Foundation und der Defense Advanced Research Projects Agency unterstützt.

Nicolelis erwähnte eine große Anzahl von Personen von verschiedenen Universitäten, deren Arbeit für die Entwicklung von Gehirn-Maschine-Schnittstellen und für ein besseres Verständnis des Gehirns entscheidend war und deren Entdeckungen zu diesem jüngsten Erfolg beigetragen haben. Einige dieser Wissenschaftler sind: John Chapin (Ph.D., State University of New York Health Science Center, Brooklyn), Eberhard Fetz (Ph.D., University of Washington, Seattle), Jon Kaas (Ph.D., Vanderbilt University), Idan Segev (Ph.D., Hebrew University of Jerusalem) und Karen Moxon (Ph.D., Drexel University).

Nicolelis und seine Kollegen hatten zuvor gezeigt, dass sie Gehirnimpulse von Eulenaffen verwenden können, um die Bewegung eines Roboterarms durch Aufzeichnung und Analyse der Impulse zu steuern.

Die Forschung, die an der Duke University durchgeführt wurde, zeigte erstmals, dass Affen lernen können, einen mechanischen Roboterarm zu manipulieren, einschließlich Greif- und Greifbewegungen, nur mithilfe visuellen Feedbacks und Gehirnimpulsen, ohne auf Muskelaktivität zurückgreifen zu müssen.

Für das Experiment wurden Mikroelektroden, die kleiner sind als die Breite eines menschlichen Haares, in die Frontal- und Parietallappen der Gehirne von zwei weiblichen Rhesusaffen eingeführt. Ein Tier hatte 96 implantierte Elektroden, während das andere 320 hatte. In einem Artikel, der am 16. September 2003 in den Proceedings of the National Academy of Sciences veröffentlicht wurde, beschrieben die Forscher ihre Methode, Hunderte von Elektroden an einer einzigen Stelle zu implantieren und kontinuierlich von diesen Stellen aufzuzeichnen.

Da mehrere Ausgangsbefehle erforderlich sind, um komplizierte Muskelaktivitäten zu steuern, konzentrierten sich die Forscher auf die Frontal- und Parietallappen.

Die Forscher verwendeten ein eigens entwickeltes Computersystem, um die schwachen Signale aus den Elektrodenarrays zu analysieren und Muster von Signalen zu identifizieren, die bestimmte Bewegungen des Armes des Tieres widerspiegelten.

In der ersten Serie von Verhaltensexperimenten wurden die Affen darauf trainiert, einen Joystick zu verwenden, um einen Cursor auf einem Videobildschirm an einen vorher festgelegten Ort zu bewegen und dabei eine bestimmte Kraft auf den Joystick auszuüben.

Nachdem die Tiere trainiert waren, wurde der Cursor mehr als nur eine Anzeige, indem er die gleiche Dynamik wie ein Roboterarm in einem anderen Raum erhielt, einschließlich Trägheit und Schwung. Obwohl die Leistung der Tiere anfangs abnahm, als der Roboterarm in die Rückkopplungsschleife einbezogen wurde, lernten sie schnell, diese Dynamik zu berücksichtigen, und wurden darin erfahren, den Roboter-abbildenden Cursor zu bedienen, fanden die Wissenschaftler heraus.

Die Wissenschaftler entfernten dann den Joystick, aber die Affen konnten den Roboterarm immer noch steuern, indem sie ihre Arme in der Luft bewegten und nach dem Cursor "griffen".

Nach nur wenigen Tagen des Interagierens mit dem Roboter auf diese Weise "merkte die Affe plötzlich, dass sie ihren Arm überhaupt nicht bewegen musste", wie Nicolelis beschrieb. Sie entspannte ihre Armmuskeln so weit, dass sie den Roboterarm nur mit ihren Gedanken und einigen externen Hinweisen kontrollieren konnte. Die Gehirnimpulse legten nahe, dass das Tier den Roboterarm internalisiert hatte und ihn als eine Erweiterung ihres eigenen Körpers behandelte. In den Versuchen wurden, so betonte Nicolelis, sowohl Greif- als auch Greifbewegungen mit den identischen Elektrodenarrays ausgelöst.

Nicolelis bemerkte: "Wir wussten, dass die Neuronen, von denen wir aufzeichneten, in der Lage sind, viele Arten von Informationen zu codieren." Es war jedoch schockierend festzustellen, dass Tiere lernen können, die Aktivität ihrer Neuronen zeitlich so zu steuern, dass sie allmählich eine Vielzahl von Faktoren kontrollieren können. Zum Beispiel kann ein Netzwerk von Neuronen verwendet werden, um den Roboter zu einem bestimmten Ort zu bewegen, und dann kann dasselbe Netzwerk die erforderliche Kraft erzeugen, um Gegenstände zu greifen. Keiner von uns hatte je zuvor so etwas gesehen.

Nicolelis fügte hinzu, dass die Untersuchung der Gehirnimpulse zeigte, dass sich die Schaltkreise des Gehirns aktiv umgestalten, um sich anzupassen, während die Tiere lernten.

Als wir das Tier von der Joystick-Steuerung auf die Gehirnsteuerung umstellten, beobachteten wir eine bemerkenswerte Veränderung der physiologischen Eigenschaften der Gehirnzellen.

Am nächsten Tag, als wir das Tier wieder auf die Joystick-Steuerung zurückstellten, hatten sich seine Eigenschaften erneut verändert.

Laut Nicolelis zeigen diese Ergebnisse die bemerkenswerte Plastizität des Gehirns, indem sie zeigen, wie es ein künstliches Objekt in seinen "neuronalen Raum" integrieren kann, als wäre es eine Erweiterung des Körpers. Tatsächlich erleben wir dies jedes Mal, wenn wir etwas von einem Bleistift bis hin zu einem Auto benutzen. Das erste Mal ein Werkzeug zu benutzen, ist wie das Erlernen einer neuen Sprache. Je vertrauter wir damit werden, desto mehr werden seine Eigenschaften in unserem Gehirn verankert und wir werden darin geschickt. Laut Nicolelis zeigen diese Ergebnisse, dass die Gehirne sowohl von ausgewachsenen Tieren als auch von Menschen bis ins Erwachsenenalter formbar sind, was die gängige Annahme herausfordert, dass diese Eigenschaft nur auf die Kindheit beschränkt ist.

Nicolelis betonte, dass die klinische Entwicklung von neuroprothetischen Geräten für behinderte Menschen von der Entdeckung, dass ihre Gehirn-Maschine-Schnittstellen-Technologie bei Tieren funktionieren kann, direkt beeinflusst würde.

Es sind noch viele weitere Forschungs- und Entwicklungsarbeiten erforderlich, bevor diese Technologie sicher bei Menschen angewendet werden kann, sagte er. Die vorläufigen Ergebnisse deuten jedoch darauf hin, dass diese Gehirn-Maschine-Schnittstellen ein großes Potenzial haben, Menschen, die gelähmt sind, dabei zu helfen, einige ihrer verlorenen Fähigkeiten wiederzugewinnen.

Forscher führen bereits Pilotversuche mit Menschen durch, um Gehirnimpulse zu analysieren und zu sehen, ob sie mit den Ergebnissen aus Tiermodellen übereinstimmen. Darüber hinaus untersuchen sie Möglichkeiten, die Lebensdauer der Elektroden über die in Tierversuchen gesehenen zwei Jahre hinaus zu verlängern.

Biomedizintechniker der Pratt School of Engineering an der Duke University, unter der Leitung von Henriquez, arbeiten daran, neue Greifvorrichtungen, Handgelenke und andere mechanische Teile für ein neuroprothetisches Gerät zu entwerfen sowie diese Teile kleiner zu machen.

Die Wissenschaftler setzen auch die Versuche mit Tieren fort, bei denen eine zusätzliche Rückmeldung in das System integriert wird, in Form eines kleinen Vibrationsgeräts, das an der Seite des Tieres angebracht wird, um das Tier über eine weitere Eigenschaft des Roboters zu informieren.

Nicolelis argumentierte, dass die Technologie zur Aufzeichnung und Interpretation von Daten aus umfangreichen Elektrodenarrays im Gehirn Einblick in die Gehirnfunktion und Plastizität geben würde, weit über das Potenzial von neuroprothetischen Geräten hinaus.

G. ROMAN

Das Gehirnspiel

Obwohl es bedeutende Fortschritte in unserer Fähigkeit gegeben hat, das Gehirn zu lesen und sogar in das Gehirn zu schreiben, erfordern diese in der Regel die Implantation von Geräten in die Gehirne von Patienten, um Ärzten die Verfolgung physiologischer Prozesse wie bei Epilepsie zu ermöglichen.

Allerdings sind gesunde Personen aufgrund der Risiken, die mit Hirnoperationen verbunden sind, keine guten Kandidaten für solche Schnittstellen, und die Genauigkeit der derzeitigen externen Gehirnüberwachungstechnologien wie der Elektroenzephalographie (EEG), bei der Elektroden direkt an der Kopfhaut angeschlossen werden, ist unzureichend. Aus diesem Grund drängt die DARPA auf Fortschritte bei Gehirn-Computer-Schnittstellen, die entweder keine oder nur begrenzte chirurgische Eingriffe erfordern (BCIs).

Die Agentur interessiert sich für Systeme, die innerhalb von vier Jahren an 16 separaten Stellen in einem erbsengroßen Gehirnbereich mit einer Verzögerung von höchstens 50 ms lesen und schreiben können. Robinson ist sich der Herausforderung bewusst.

Es ist eine Herausforderung festzustellen, "wann und wo" Gehirnsignale erzeugt werden, während man versucht, die Gehirnaktivität durch den Schädel hindurch aufzuzeichnen, erklärte er gegenüber Live Science. Das Problem besteht also darin, ob wir die höchstmögliche räumliche und zeitliche Auflösung erreichen können. In der Praxis scannt eine hochmoderne Kamera einen großen Bereich und verwendet dann komplexe Algorithmen, die das menschliche Sehsystem simulieren sollen, um potenzielle Gefahren zu identifizieren. Die Gehirnaktivität des Benutzers wird dann verfolgt, während Bilder der potenziellen Gefahren auf einem Bildschirm angezeigt und dem Benutzer schnell hintereinander geblitzt werden. Wenn das Gehirn des Benutzers auf ein potenziell gefährliches Bild mit dem P300 reagiert, erhält er eine visuelle Warnung, um sich auf dieses bestimmte Bild zu konzentrieren.

Es mag komplizierter klingen als nur ein gewöhnliches Fernglas zu benutzen, aber Tests haben gezeigt, dass die Fähigkeit, schnell durch mehrere Fotos zu scrollen, ohne das Gelände physisch abzusuchen oder durch Kamerabilder zu klicken, Zeit spart. Das Unternehmen behauptet, dass Sentinel bereits in Tests in einer Wüstenumgebung in Arizona und in tropischem Gelände in Hawaii traditionelle Ferngläser übertroffen hat und dass das Heer diesen Sommer einen Prototyp der Ferngläser in Camp Roberts in Kalifornien auf die Probe stellen wird.

Diese Brille ist mehr als nur ein weiteres technisches Gerät; sie hat das Potenzial, die erste Umsetzung einer Gehirn-Maschine-Schnittstelle im Militär zu sein.

Bisher war diese Art von Technologie eher Science-Fiction vorbehalten, aber die potenziellen Auswirkungen solcher Technologien werden nun ernsthaft von Militärexperten diskutiert. Tatsächlich veröffentlichten die Jasons, eine Gruppe von Elite-Wissenschaftlern, die die Regierung in Fragen der nationalen Sicherheit beraten, im Jahr 2008 einen Bericht über Neuro-Verbesserung, in dem sie sich über die "Möglichkeit des Missbrauchs solcher Forschung" und die "ernsten Bedenken darüber, wo die Behebung endet und die Veränderung der natürlichen Menschheit beginnt" äußerten. Obwohl das US-Militär aufgrund strenger Gesetze und Verfahren weniger wahrscheinlich Macht missbrauchen würde, "werden die Handlungen der gegnerischen Kräfte wahrscheinlich nicht ähnlich begrenzt sein", schlussfolgerten sie.

Es ist unklar, ob unsere ausländischen Gegner bereit sind, einen Wettlauf im Bereich des Gehirns zu starten, aber das Interesse an dieser Art von Technologie scheint zu wachsen. Eine weitere Darpa-Forschung zu Gehirn-Computer-Schnittstellen untersucht das Potenzial des P300 zur Unterstützung von Geheimdienstanalysten bei der Klassifizierung von Satellitenfotos. Obwohl die kommerzielle Technologie deutlich weniger fortgeschritten ist als das militärische System, produzieren Unterhaltungsunternehmen nun EEG-Hüte, mit denen Spieler ihre Gedanken verwenden können, um einen Avatar in einem Videospiel zu steuern.

Die Technologie wird auch eingesetzt, um Menschen mit schweren Behinderungen, den sogenannten "locked-in persons", die Kommunikation zu ermöglichen, indem sie ihnen erlaubt, Buchstaben auszuwählen und nur mit Gehirnimpulsen zu tippen. Wenn ein Benutzer die App aktiviert, werden Buchstaben vor seinen Augen aufblitzen, und die App wird die Gehirnwellen des Benutzers aufzeichnen, um herauszufinden, an welche Buchstaben er gedacht hat. Deniz Erdogmus, ein Professor für Ingenieurwissenschaften an der Northeastern University in Boston, erläutert das Konzept und sagt: "Wenn du den Buchstaben K siehst, erzeugt es einen P300." Erdogmus behauptet, dass geschulte Testpersonen in Labortests Punktzahlen von bis zu 98% erreichen, aber praktische Anwendungen sind noch fünf bis zehn Jahre entfernt. Es geht nur darum, Feinabstimmungen vorzunehmen und es einsatzfähig zu machen, sagt er; "Wir können es buchstäblich schon jetzt erreichen."

Von der medizinischen Forschung, die die Verwendung von Elektroenzephalogrammen (EEG) zur Steuerung von Prothesen untersucht, bis hin zur Automobilindustrie, die hofft, dass die Fähigkeit des Gehirns, Gefahren zu erkennen, Autos sicherer macht, sieht Khosla eine Vielzahl von potenziellen Anwendungen für das Gehirn-Maschine-Schnittstellen-Gerät von HRL. Obwohl die meiste Arbeit derzeit im Labor stattfindet, sind Experten optimistisch, dass der kommerzielle Sektor aufholen wird.

Akademiker sind besorgt, dass solche Forschungen zu neuen und potenziell schädlichen Anwendungen führen könnten, wie beispielsweise dem weit verbreiteten Einsatz von Drohnen mit Waffen. "Die Möglichkeit, eine Maschine direkt mit dem menschlichen Gehirn zu steuern, könnte zum Beispiel die Möglichkeit bieten, Roboter oder autonome Fahrzeuge in gefährlichen Gebieten fernzusteuern", so ein Artikel der britischen Royal Society.

Die Menschen befürchten, dass die Technologie das Schlachtfeld erweitern würde, indem sie Soldaten ermöglicht, aus der Ferne zu kämpfen, ähnlich wie bei Drohnen, wie Jonathan Moreno, Professor für Bioethik und Autor von der University of Pennsylvania und Autor von "Mind Wars" argumentiert. Laut Moreno ist es "die Projektion menschlicher Intelligenz in ein Gerät". Wie es so schön heißt, hier liegt der Knackpunkt.

Dennoch ist der "heilige Gral" des Lesens komplexer Konzepte oder der Steuerung von Drohnen mit dem Gehirn noch weit entfernt. Der menschliche Schädel blockiert effektiv das Signal, so dass selbst die grundlegendsten EEG-Daten nur schwer analysiert werden können. Obwohl Fortschritte gemacht wurden, werden die besten Signale erzeugt, indem Dutzende von Sensoren mit leitfähigem Gel an den Kopf des Benutzers angebracht werden. Während dies im Labor gut funktioniert, ist es auf dem Schlachtfeld nicht praktikabel (ein weiteres Problem besteht darin, dass das gesamte Sentinel-System derzeit 7 kg wiegt, was zu schwer ist, um wie normale Ferngläser verwendet zu werden; das Ziel ist es, es auf 2,5 kg (5 lbs) zu reduzieren).

Obwohl HRL an einer Kopfbedeckungslösung arbeitet, die einer Helm- oder Mützenform entspricht, verwenden sie immer noch Sensoren auf Gelbasis in ihrer Brille. Der ehemalige DARPA-Mitarbeiter Todd Hughes behauptet, die größte Herausforderung bestehe darin, den Sensor zu entwickeln, der das Gerät oder die Kappe auf dem Kopf trägt, um die elektrische Aktivität im Gehirn zu erfassen.

Die Sentinel-Brille kann je nach Blick in die Zukunft entweder als Vorreiter für drohnenkontrollierte bewaffnete Drohnen oder als Erinnerung an die Grenzen modernster Technologie betrachtet werden. Während die Darpa-Initiative die Machbarkeit und militärische Anwendung von Gehirn-Computer-Schnittstellen zeigt, ist die Vorstellung, dass Maschinen die tiefsten Gedanken einer Person kennen, eine andere Geschichte. "Wir sind Generationen davon entfernt", sagt Hughes.

Genetische Modifikationen am menschlichen Gehirn

DARPA hofft, genetische Modifikationen am menschlichen Gehirn durchzuführen. Virenvektoren, Viren, die modifiziert wurden, um genetisches Material in Zellen zu transportieren, sollen verwendet werden, um DNA in gezielte Neuronen einzuführen und diese Neuronen dazu zu bringen, zwei unterschiedliche Proteine zu produzieren.

Die erste Art von Protein ermöglicht es, Hirnaktivität zu erkennen, da es Licht absorbiert, wenn ein Neuron feuert. Ein Infrarotlichtstrahl, der von einem externen Headset ausgesendet wird, würde den Schädel durchdringen und das Gehirn erreichen. Das winzige Signal, das von den Gehirngewebe reflektiert wird, könnte dann von Detektoren gemessen werden, die mit dem Headset verbunden sind, um ein Bild des Gehirns zu erzeugen. Das Protein macht die interessanten Bereiche dunkler (indem es Licht absorbiert), während Neuronen feuern, und liefert somit Informationen über die Hirnaktivität, die verwendet werden können, um die visuellen, auditiven oder motorischen Absichten der Person abzuleiten.

Damit die Neuronen auf das magnetische Feld, das vom Headset erzeugt wird, reagieren, muss das zweite Protein an magnetische Nanopartikel binden. Die Stimulation der Neuronen auf diese Weise könnte genutzt werden, um ein mentales Bild oder eine auditive Empfindung für den Patienten zu erzeugen. Das Team hofft, das Gerät zu nutzen, um als Proof of Concept Bilder aus dem visuellen Kortex einer Person in den visuellen Kortex einer anderen Person zu übertragen. Obwohl es signifikante Fortschritte in unserer Fähigkeit gegeben hat, das Gehirn zu lesen und sogar in das Gehirn zu schreiben, erfordern diese in der Regel die Implantation von Geräten in das Gehirn von Patienten, um Ärzten die Verfolgung physiologischer Prozesse wie bei Epilepsie zu ermöglichen.

Jedoch sind Personen ohne Behinderungen aufgrund der mit Hirnoperationen verbundenen Risiken keine guten Kandidaten für solche Schnittstellen, und die Genauigkeit der aktuellen externen Technologien zur Gehirnüberwachung wie die Elektroenzephalographie (EEG), bei der Elektroden direkt mit der Kopfhaut verbunden werden, ist unzureichend. Aus diesem Grund setzt sich DARPA für Fortschritte bei Gehirn-Computer-Schnittstellen ein, die entweder keine oder nur eine begrenzte chirurgische Intervention erfordern (BCIs).

Kapitel Drei
Die Kontrolle über Gehirnlese-Technologie

Während die Technologie das Gehirn für Studien öffnet, eilen Politiker, um mit dem rasanten Tempo des Wandels Schritt zu halten. Im Jahr 2019 hat Rafael Yuste Bilder in die Gehirne von Mäusen eingesetzt und effektiv deren Handlungen beeinflusst. Nun warnt der Neurowissenschaftler davor, dass Menschen machtlos sind, um dem, was als Nächstes kommt, Einhalt zu gebieten.

Neurotechnologie, bei der Computer direkt mit menschlichen Neuronen interagieren, hat das Potenzial, uns dabei zu helfen, unheilbare Krankheiten wie Alzheimer und Parkinson zu verstehen und zu behandeln sowie bei der Entwicklung von Prothesen und Sprachtherapie zu unterstützen, wenn sie ethisch genutzt wird.

Jedoch birgt unkontrollierte Neurotechnologie auch das Potenzial für die schlimmsten Auswüchse von Unternehmen und Staaten, wie beispielsweise voreingenommene Polizeiarbeit und Missbrauch der Privatsphäre, wodurch unsere Gedanken genauso anfällig für Überwachung werden wie unsere Kommunikation.

Neurowissenschaftler, Philosophen, Juristen, Menschenrechtsaktivisten und politische Entscheidungsträger arbeiten nun zusammen, um das Gehirn als die letzte Bastion der persönlichen Privatsphäre zu schützen.

Sie suchen nicht nach einem Verbot. Stattdessen fordern Befürworter wie Rafael Yuste vom Neurorights-Programm der Columbia University einen Satz von Prinzipien, der das Recht der Bürger auf Privatsphäre schützt und ihnen gleichzeitig ermöglicht, etwaige gesundheitliche Vorteile zu nutzen.

Dennoch sehen sie genügend Anlass zur Sorge hinsichtlich bestimmter Anwendungen von Neurotechnologie, insbesondere da Militär, Regierungen und Technologieunternehmen daran interessiert sind.

Sowohl China als auch die Vereinigten Staaten haben sich als weltweit führende Nationen in der Erforschung von Neurowissenschaften und künstlicher Intelligenz etabliert. Das US-Verteidigungsministerium arbeitet an Technologien zur Veränderung des Gedächtnisses.

Neben der akademischen Welt haben auch Unternehmen wie Facebook und Elon Musks Neuralink bedeutende Fortschritte in diesem Bereich gemacht. Auf dem Markt tauchen eine neue Welle von Neurotech-Wearables auf. Das amerikanische Start-up Kernel hat ein Headset für Endverbraucher herausgebracht, das in der Lage ist, die Gehirnaktivität in Echtzeit aufzuzeichnen. Facebook unterstützte die Forschung zur Entwicklung einer Gehirn-Computer-Schnittstelle für textbasierte Kommunikation (im Sommer haben sie sich jedoch zurückgezogen). Im April 2021 veröffentlichte Neuralink, ein Unternehmen, das Implantate für das Gehirn entwickelt, ein Video, das einen Affen zeigt, der mit Hilfe des Chips des Unternehmens, der im Gehirn des Tieres platziert wurde, ein Spiel spielt.

"Die Frage ist, wofür diese Instrumente verwendet werden können", bemerkte Yuste. Die Beispiele reichen von beängstigend bis bizarr. Mit Gehirnscans kann die Rückfallgefahr bei Straftätern vorhergesagt werden, und chinesische Arbeitgeber haben die Gehirnwellen ihrer Mitarbeiter überwacht, um deren emotionale Zustände zu entschlüsseln. In der Vergangenheit haben Forscher auch gewöhnliche Haushaltsgeräte genutzt, um heimlich private Daten von Menschen auszuspähen.

Die Aussicht auf ein hybrides Wesen, das unsere Spezies grundlegend verändern würde, steht zur Debatte, und dies ist ein bedeutendes Problem. Und, fuhr Yuste fort, "das ist existenziell". Yuste meint, dass die Zeit gekommen ist, zu entscheiden, ob dieser Wandel von Nutzen oder schädlich sein wird.

Die heutige Neurotechnologie hat nicht die Fähigkeit, Gedanken oder Gefühle einer Person zu lesen. Doch dies mag in einer Zukunft mit fortschrittlicher KI nicht mehr erforderlich sein. Starke maschinelle Lernalgorithmen könnten Verbindungen zwischen der internen Gehirnaktivität und äußeren Faktoren herstellen können.

Der Bioethiker der ETH Zürich, Marcello Ienca, bemerkte: "Um Datenschutzprobleme zu schaffen, benötigt man lediglich eine KI, die ausreichend raffiniert ist, um Muster zu erkennen und Korrelationsverbindungen zwischen bestimmten Datensätzen und bestimmten geistigen Zuständen herzustellen."

Mit einem maschinellen Lernsystem haben Wissenschaftler bereits Kreditkartennummern aus der Gehirnaktivität einer Person abgeleitet.

In Strafjustizsystemen wurden Gehirnscans für diagnostische Zwecke und zur Vorhersage zukünftiger Straftaten eingesetzt. Doch wie zuvor bei Lügendetektortests liefert diese Praxis nur begrenzte und manchmal ungenaue Informationen.

Es könnte ernsthafte Auswirkungen auf Menschen mit Farbe haben, die bereits überproportional von algorithmischer Diskriminierung betroffen sind.

Fälle, in denen wissenschaftliche Beweise darauf hinweisen, dass Lügendetektionstechnologien oder Gedächtniserkennungstechnologien zuverlässig sind, werfen die Frage auf, warum ein Staatsanwalt sie ablehnen würde. Dies sagte Dr. Sjors Ligthart von der Tilburg University, der die ethischen und rechtlichen Konsequenzen des Gehirnlesens unter Druck erforscht.

Experten sagen, dass es bei Gehirnimplantaten große Unsicherheit bezüglich der Verantwortlichkeit gibt, da nicht offensichtlich ist, ob Ideen vom Gehirn erzeugt oder von ihm ausgehen. Um es mit den Worten von Ienca auszudrücken: "Sie können nicht identifizieren, welche Aufgaben von Ihnen selbst erledigt werden und welche Gedanken von KI erledigt werden", da die KI zum Vermittler des eigenen Geistes wird.

Neurotechnologie zwingt Gesetzgeber, sich mit einer bisher ungelösten Frage auseinanderzusetzen: der Notwendigkeit, dass Individuen die Kontrolle über die Gedanken behalten.

Chile arbeitet an dem weltweit ersten Gesetz zum Schutz solcher "Neurowechsel". Der Initiator des Gesetzentwurfs, Senator Guido Girardi aus Chile, erklärte, dass ein Registriersystem für Neurotechnologien eingerichtet werden soll, ähnlich dem für pharmazeutische Produkte, und dass die Nutzung solcher Technologien sowohl die informierte Zustimmung des Patienten als auch des Arztes erfordern wird.

Letztendlich wollen wir sicherstellen, dass "KI für das Gute genutzt werden kann, aber niemals dazu dient, einen Menschen zu kontrollieren", wie Girardi es ausdrückte.

Spanien hat im Juli eine unverbindliche Charta für digitale Rechte verabschiedet, die als Rahmen für zukünftige Gesetzgebung dienen soll.

Laut Paloma Llaneza González, einer Datenschutzanwältin, die an der Ausarbeitung der Charta mitgewirkt hat, besteht der Ansatz Spaniens darin, die Vertraulichkeit und Sicherheit der Daten zu wahren, die mit diesen Gehirnaktivitäten verbunden sind, und die volle Kontrolle der Einzelperson über ihre Daten sicherzustellen.

Man diskutiert auch auf internationaler Ebene über Richtlinien für Neurotechnologie. Die OECD, ein Club vorwiegend wohlhabender Länder, hat unverbindliche Regeln aufgestellt, darunter eine Liste neuer Rechte, die den Schutz des Rechts auf Privatsphäre und kognitive Freiheit von Einzelpersonen gewährleisten sollen.

Das Problem besteht jedoch darin, dass es nicht klar ist, ob die derzeitige Regelung, die nicht für Neurotechnologie entwickelt wurde, ausreichend ist. Ligthart argumentiert, dass eine Überprüfung bestehender Rechte erforderlich sei, insbesondere um sie auf die Neurotechnologie anzuwenden. Dies könnte auf die Europäische Menschenrechtskonvention abzielen, die bereits Rechte wie das Recht auf Privatleben schützt, aber erweitert werden könnte, um den Schutz der Gedanken einzubeziehen.

Empfindliche Informationen wie Gesundheitsdaten oder religiöse Vorlieben sind in Europa durch die Datenschutz-Grundverordnung (DSGVO) geschützt. Jedoch legen Forschungen von Ienca und Gianclaudio Malgieri von der EDHEC Business School in Lille nahe, dass geistige Prozesse möglicherweise nicht in den Geltungsbereich des Gesetzes fallen.

Yuste ist der Ansicht, dass internationale Gremien wie die Vereinten Nationen handeln sollten, bevor die Entwicklung der Technologie weiter voranschreitet.

Anstatt "zu warten, bis ein Problem auftritt und dann versuchen, es zu beheben, wenn es zu spät ist", wie es beim Internet, Datenschutz und KI der Fall war, wollen wir etwas "etwas intelligenteres" tun, fügte Yuste hinzu. Die heutigen Datenschutzbedenken werden im Vergleich zur Zukunft wie "Peanuts" erscheinen.

Können Gehirnlesetechnologien und Datenschutz nebeneinander existieren?

Trotz der Überwachung durch insgesamt 1.024 Elektroden wühlte Gertrude das Schwein weiterhin in ihrer mit Stroh gefüllten Umgebung herum, als wäre sie sich ihrer Umgebung völlig unbewusst. Wenn die Schnauze des Schweins eine Belohnung in der Hand eines Forschers fand, erklang ein musikalischer Klang, der zeigte, dass die Nervenzellen, die ihre Schnauze regulieren, aktiv waren.

Am 28. August enthüllte Elon Musks Firma Neuralink diese Geräusche. Musk, Gründer von Tesla und SpaceX, verglich die neue Technologie mit "einem Fitbit in deinem Schädel mit winzigen Kabeln".

Neuroforscher dokumentieren bereits seit Jahrzehnten die Aktivität von Nervenzellen bei Tieren. Überraschend ist jedoch das Ausmaß der Pläne von Musk und anderen, Menschen und Computer zu verbinden. Unternehmer und Wissenschaftler mit Blick auf die Zukunft wollen unsere Gedanken belauschen und möglicherweise die Art und Weise, wie wir denken, verändern. Wir könnten unsere Teslas mit der Macht der Macht herbeirufen, Gedanken über Materie.

Einige Forscher haben das Debüt von Gertrude als leeres Publicity-Gimmick kritisiert. Musk hat jedoch bereits die Welt schockiert. "Man kann einem Kerl, der sein eigenes Elektroauto gebaut und es in eine Umlaufbahn um den Mars geschickt hat, nicht widersprechen", sagt Christof Koch, ein Neuroforscher am Allen

Institute for Brain Science in Seattle. Es spielt eigentlich keine Rolle, ob Neuralink uns in einer fernen Zukunft erlauben wird, unsere Gehirne und Teslas zu vereinen. Es gibt neben Musk viele andere Enthusiasten für Neurotechnologie. Es werden schnelle Fortschritte in vielen verschiedenen Bereichen gemacht, wie zum Beispiel tragbare Kopfhörer, die potenziell zwischen Hunger und Langeweile unterscheiden können, implantierte Elektroden, die Sprachabsichten in tatsächliche Wörter übersetzen können, und Armbänder, die Nervenimpulse verwenden, um ohne Tastatur zu tippen. Gelähmte Personen testen derzeit Gehirn-Computer-Schnittstellen, eine Technik, die Gehirne mit der digitalen Welt verbindet. Benutzer konnten Aufgaben wie Online-Shopping, Kommunikation und Trinken aus einer Tasse nur mit ihren Gehirnimpulsen abschließen. Die Fähigkeit, zerebrale Aktivitäten abzuhören, ihre Bedeutung zu entschlüsseln und sie möglicherweise zu verändern, hat weitreichende Auswirkungen auf die menschliche Gesundheit und das Wohlbefinden. Mit diesen Fortschritten kommen jedoch Bedenken hinsichtlich des Datenschutzes und der Verwendung unserer Gedanken.

Aufgrund des Potenzials sowohl für Gutes als auch für Böses im Zusammenhang mit Neurotechnologie haben wir alle ein Interesse daran, ihre Entwicklung und letztendliche Anwendung zu beeinflussen. Andererseits haben die meisten Menschen kein Mitspracherecht bei diesen Entwicklungen und erfahren erst davon, wenn sie bereits umgesetzt wurden. Um eine Vorstellung davon zu bekommen, wie die Leser von Science News die Entwicklungen in der Neurotechnologie empfanden, haben wir sie befragt. Wir haben drei Hauptethikfragen skizziert, darunter Gerechtigkeit, Individualität und Vertraulichkeit. Der Datenschutz war die häufigste Sorge unter den Lesern.

Viele der Befragten äußerten die Angst, dass Unternehmen, Regierungen oder sogar Gesundheitsdienstleister Zugang zu ihren privaten Gedankenprozessen erhalten könnten. In einer Gesellschaft, in der persönliche Privatsphäre bereits selten ist, wäre dies der schwerwiegendste Eingriff bisher. "Mein Kopf ist der einzige Ort, von dem ich weiß, dass er wirklich mir gehört", kommentierte ein Leser.

Viele unserer Leser sind besorgt über die Möglichkeit, dass Technologie ihre Gedanken und Handlungen beeinflusst. Mehrere Kommentatoren brachten eine beunruhigende Möglichkeit zur Sprache: Wir werden zu willenlosen Drohnen.

Bei dieser Art der Manipulation des Gehirns kommen verschiedene Science-Fiction-Szenarien in den Sinn, wie das Löschen von Erinnerungen im Film "Vergiss mein nicht!" von 2004, das Einpflanzen von Ideen im Film "Inception" von 2010 und das Vortäuschen einer virtuellen Welt als real im verwirrenden Thriller "Matrix" von 1999.

Die heutige Technologie kann nicht einmal annähernd diese wildesten Träume erfüllen. Dennoch ist dies nach Ansicht des Neuroethikers Timothy Brown von der University of Washington in Seattle "genauso faszinierend... und genauso moralisch problematisch". Wir könnten eine Dystopie haben, ohne "Matrix".

In der modernen Welt werden Forschung, medizinische Behandlungen und sogar Teile unserer Privatsphäre durch Gesetze und ethische Richtlinien geregelt. Es gibt jedoch derzeit kein effektives System, um mit den unvermeidlichen Datenschutzverletzungen umzugehen, die mit weiteren Entwicklungen in der Hirnforschung einhergehen werden. Der Neurobiologe Rafael Yuste von der Columbia University formuliert es so: "Wir machen das alles im Blindflug".

Derzeit werden ethische Bedenken fallweise behandelt. Diese Fragen werden von Wissenschaftlern, Bioethikern und Wissenschaftlern in privaten Unternehmen wie IBM und Facebook diskutiert. Datenschutzorientierte Forschungsinitiativen erhalten Finanzierung von großen Hirnforschungsverbünden wie der US-amerikanischen BRAIN-Initiative. Das nationale Parlament von Chile gehört zu den Verwaltungen, die sich mit Bedenken hinsichtlich der Neurotechnologie befassen.

Es ist nicht überraschend, dass angesichts solcher fragmentierter Bemühungen noch keine Einigung erzielt wurde. Da viele verschiedene Menschen diese Frage haben, gibt es ebenso viele verschiedene Antworten.

Forscher und Kliniker suchen schon lange nach Möglichkeiten, Menschen zu helfen, deren Körper sich nicht mehr bewegen oder sprechen kann, indem sie Informationen direkt aus dem Gehirn ziehen, ohne auf Sprache, Schreiben oder Tippen angewiesen zu sein. Bereits jetzt können Menschen mit implantierten Elektroden Signale aus den Bewegungszentren ihres Gehirns aufzeichnen, um robotische Prothesen zu steuern.

Nach einem Surfunfall wurde Robert "Buz" Chmielewski im Januar 2019 an der Johns Hopkins University Elektroden ins Gehirn implantiert. Die Forscher gaben in einer Pressemitteilung vom 10. Dezember bekannt, dass Chmielewski mit Hilfe von Signalen aus beiden Seiten seines Gehirns in der Lage war, sich selbst mit Gabel und Messer zu bedienen, die von zwei Prothesenarmen kontrolliert wurden. In anderen Forschungen wurden Gehirnimpulse von einer sprachunfähigen Person, die nicht sprechen kann, entschlüsselt. Der Mann antwortete nur mit Gehirnimpulsen auf die Frage "Hättest du gerne etwas Wasser?", die auf einem Computerbildschirm angezeigt wurde, mit "Nein, ich habe keinen Durst". Diese Leistung wurde bei einem Symposium an der Columbia University am 19. November vorgestellt und ist ein weiteres Zeichen für die bemerkenswerten Fortschritte bei der Verbindung menschlicher Gehirne mit Computern.

Karen Rommelfanger, Neuroethikerin an der Emory University in Atlanta, sagt: "Noch nie zuvor konnten wir solche Informationen sammeln, ohne mit der Peripherie Ihres Körpers zu interagieren, die Sie bewusst aktivieren mussten". Wie sie sagt, "erfordern alle zahlreiche Ebenen Ihrer Entscheidungsfindung", einschließlich Sprache, Gebärdensprache und schriftlicher Sprache.

Rommelfanger sagt, dass die aktuellen Methoden zur Extraktion von Daten aus dem Gehirn umständliche Geräte, leistungsstarke Verarbeitungsressourcen und vor allem eine kooperative Versuchsperson erfordern. Vorübergehend die Augen zu schließen, mit den Fingern zu zappeln oder sogar einzuschlafen wären alles effektive Möglichkeiten, um den Versuch eines Eindringlings zu vereiteln, Zugang zu Ihrem Geist zu bekommen.

Rommelfanger fügt hinzu, dass kein Neuroforscher weiß, was ein Geist oder ein Gedanke ist. "Angesichts des aktuellen Standes der Technik sehe ich keinen Grund zur Sorge bezüglich des Gedankenlesens."

Allerdings könnte sich die Situation schnell ändern. Yuste sagt: "Wir kommen dem sehr, sehr nahe", wenn es darum geht, private Informationen direkt aus den Gehirnen von Menschen zu entnehmen, und verweist auf Tests, bei denen entschlüsselt wurde, worauf eine Person schaut und welche Worte sie hört. Kernel, ein Neurotech-Unternehmen im Großraum Los Angeles, hat einen Helm entwickelt, der die Aktivität in bestimmten Regionen des Gehirns erkennen kann und jetzt auf dem Markt erhältlich ist.

Im Moment können Unternehmen nur unsere Handlungen nutzen, um erschreckend genaue Profile von uns zu erstellen und vorherzusagen, was wir als Nächstes tun werden. Schließlich haben wir nachgegeben. Vorhersagende Algorithmen können fundierte Vermutungen anstellen, aber das sind sie immer noch: Vermutungen. Mit diesen "neuronalen Daten, die über Neurotechnologie gewonnen wurden", könnte dies laut Yuste jedoch "keine Vermutung mehr sein". Es wird das echte Ding sein, das direkt von Unternehmen stammt.

Wenn sich die Technologie weiterentwickelt, argumentiert Yuste, könnte eines Tages sogar unsere intimsten Gedanken enthüllt werden. Worüber sollten wir uns in Bezug auf den Datenschutz sonst noch Sorgen machen?

Die Technologie zur Veränderung der Gehirnaktivität ist bereits in Form von medizinischen Therapien vorhanden. Mit solchen Werkzeugen können Menschen mit Epilepsie einen Anfall vermeiden oder ein Zittern stoppen.

Wissenschaftler testen derzeit mehrere Behandlungen für Zwangsstörungen, Sucht und Depressionen. Dabei treten jedoch Probleme auf, wenn man die Fähigkeit hat, ein voll funktionsfähiges Gehirn und damit auch das Verhalten zu präzise zu verändern.

Laut dem Bioethiker Marcello Ienca von der ETH Zürich ist der Wunsch, die Überzeugungen einer anderen Person zu beeinflussen, nichts Neues. Die Bewerbung eines Produkts oder eine politische Kampagne zielen beide darauf ab, Unterstützung von der Öffentlichkeit zu erhalten. Wenn jedoch Technologie die Gehirnaktivität mit auch nur einem kleinen Anstoß verändern kann, bringt dies, wie Ienca es ausdrückt, "gegenwärtige Manipulationsrisiken auf die nächste Stufe".

Was könnte passieren, wenn sich diese Art von Einfluss über das medizinische Feld hinaus ausbreitet? Während präzise Technologien zur Beeinflussung des Gehirns von einem Arzt verwendet werden könnten, um einem jungen Patienten mit Magersucht zu helfen, könnte dieselbe Methode auch für finanziellen Gewinn ausgenutzt werden. Ein Leser formulierte es folgendermaßen: "Stellen Sie sich vor, Sie betreten ein McDonald's und werden plötzlich von dem überwältigenden Verlangen nach einem Cheeseburger (oder 10) überwältigt. Ist der physische Hunger der Ursprung Ihres Verlangens? Oder hat Ihr Gehirn kurz bevor Sie am McDonald's-Schild vorbeigegangen sind, einen unbewussten Anstoß erhalten und diese Verbindung ausgelöst? Es ist möglich, dass dieser Eingriff ins Gehirn dazu führt, dass Sie den Ursprung Ihres Antriebs in Frage stellen oder ihn überhaupt nicht bemerken. Das ist ziemlich riskant", warnt Yuste. Sobald Sie anfangen, das Gehirn zu aktivieren, beeinflussen Sie die Ideen der Menschen, ohne dass sie es wissen, weil sie es einfach als Bestätigung nehmen, dass "das bin ich".

In der heutigen technologischen Landschaft ist eine präzise Kontrolle des menschlichen Gehirns nicht möglich. Es wurde jedoch bereits gezeigt, dass Forscher Visionen in den Gehirnen von Mäusen erzeugen können, was darauf hindeutet, dass dies in Zukunft möglich sein könnte. Mäusen wurde beigebracht, "Linien" zu "sehen", die tatsächlich nicht vorhanden waren, indem bestimmte Populationen von Neuronen stimuliert wurden, ein Vorgang, der als Optogenetik bekannt ist. Yuste, dessen Labor an den Versuchen beteiligt war, behauptet, dass sich die Mäuse so verhielten, als hätten ihre Augen die Linien tatsächlich gesehen. Sie sind alle nur Marionetten, sagt er.

Angesichts der schnellen Entwicklungen auf dem Gebiet der Neurowissenschaften fragen sich Forscher, Ethiker,

Unternehmensführer und Politiker, ob und wie die Gehirntechnologie reguliert werden sollte. Derzeit werden die Fragen und ihre Antworten vollständig kontextabhängig behandelt. Und sie erfolgen vor dem Hintergrund immer invasiverer Technologien, mit denen wir seltsamerweise vertraut geworden sind.

Wir sind es gewohnt, dass unsere Handys unsere Bewegungen verfolgen, von dem Zeitpunkt, an dem wir ins Bett gehen, bis zur Dauer, die wir benötigen, um uns gründlich die Hände nach dem Toilettengang zu waschen. Zusammen mit den digitalen Spuren, die wir über die Diäten hinterlassen, die wir ausprobieren, die Shows, die wir binge-watchen, und den Tweets, die wir mögen, sind unsere Leben eine vollständige und absolute öffentliche Aufzeichnung.

Die Ethikerin Anna Wexler von der University of Pennsylvania argumentiert, dass diese spezifischen Informationen überzeugender sind als Gehirnscans. Sie sagt: "Meine E-Mail-Adresse, meine Notiz-App und mein Suchmaschinenverlauf repräsentieren mehr, wer ich als Person bin - meine Identität" als unsere neurologischen Daten jemals sein könnten.

Wexler ist in der Minderheit, wenn sie sagt, dass es zu früh ist, sich Sorgen über Datenschutzverletzungen durch Neurotechnologie zu machen. "Die meisten meiner Kollegen halten mich für verrückt."

Auf der anderen Seite haben Forscher wie Yuste strenge Datenschutzmaßnahmen empfohlen, die die neurologischen Daten der Menschen genauso schützen sollten wie ihre Organe. Ähnlich wie eine Leber nicht ohne medizinische Freigabe aus dem Körper entfernt werden kann, sollten neurologische Daten ohne

Rechtfertigung nicht aus einem System extrahiert werden. Chile diskutiert derzeit darüber, ob neurologische Daten mit zusätzlichen Schutzmaßnahmen klassifiziert werden sollten, die den Zugriff von Unternehmen verbieten.

Es gibt viele andere Experten auf dem Spektrum zwischen diesen beiden Extremen. Ienca ist zum Beispiel gegen jede Einschränkung der individuellen Freiheit. Menschen sollten in der Lage sein, ihre Gehirndaten gegen alles, was sie für wertvoll erachten, oder sogar nur gegen Bargeld auszutauschen. Laut Ienca wird das menschliche Gehirn zu einem neuen Vermögenswert, der von Unternehmen gewinnbringend genutzt werden kann. Er bezeichnet dies als Neurokapitalismus.

Und das ist völlig in Ordnung für Ienca. Er behauptet, dass Menschen das Recht haben sollten, ihre Daten zu verkaufen oder gegen eine Dienstleistung oder ein Produkt einzutauschen, wenn sie vollständig informiert sind, ein problematisches "Wenn". Jeder sollte mit seinen persönlichen Daten tun können, was er möchte.

Nach Rommelfanger sind Standardverfahren, Checklisten und Vorschriften nicht der richtige Weg. Um sich mit der Neurowissenschaft auseinanderzusetzen, sagt sie, gibt es derzeit über 20 Rahmenwerke, Regeln und Prinzipien, die seit 2014 entwickelt wurden. Diese zielen darauf ab, Ihre "mentale Privatsphäre" und "kognitive Freiheit" zu schützen oder Ihre Unabhängigkeit bei der Entscheidungsfindung über Ihren eigenen Geist.

Nach ihrer Ansicht sind dies wohlüberlegte Normen, aber die Fähigkeiten und ethischen Implikationen verschiedener Technologien variieren stark. Rommelfanger argumentiert, dass es keine Patentlösung gibt.

Stattdessen könnte es erforderlich sein, dass jedes Unternehmen oder Forschungsgruppe ethische Bedenken im Rahmen des Entwicklungsprozesses anspricht, wenn sie auftauchen. Kürzlich haben sie und ihre Kollegen fünf Fragen vorgeschlagen, die Forscher stellen könnten, um solche ethischen Bedenken zu berücksichtigen, wie Datenschutz und Autonomie. Die Fragen ermutigen die Befragten, über potenzielle Anwendungen der aufkommenden Technologie über die Grenzen des Labors hinaus nachzudenken.

Rommelfanger argumentiert, dass es eine ethische Verpflichtung gibt, die Technologie voranzutreiben, um Menschen mit psychischen Erkrankungen und Lähmungen zu helfen. "Meine größte Sorge ist, dass wenn das Vertrauen der Öffentlichkeit in diese Technologie untergraben wird, all das Gute, das sie bewirken könnte, zunichte gemacht wird."

Der bevorstehende Rausch der Neurotechnologie wird wahrscheinlich nicht durch den Bedarf an klareren ethischen Leitlinien gebremst. Aber eine angemessene Berücksichtigung der Ethik könnte dazu beitragen, die Zukunft zu gestalten und unsere Menschlichkeit zu schützen.

FMRI-Scans zeigen unsere geistige und emotionale Zusammensetzung

CBS strahlte einen ausführlichen Bericht über "Gedankenlesen" aus, der viele nützliche Informationen darüber lieferte, wie verschiedene Labore fMRT nutzen, um die Gedanken ihrer Probanden zu erkennen. Die Reporterin Lesley Stahl eröffnete den Bericht an der Carnegie Mellon University, wo die Professoren Marcel Just und Tom Mitchell bahnbrechende Arbeit leisten, indem sie einen Computer verwenden, um zu erraten, an welches Objekt eine Person denkt.

Erstaunlicherweise stützt sich die Studie der CMU nicht auf die eigenen Gehirnscans der Probanden, um Vorhersagen zu treffen, sondern auf Scans von verschiedenen anderen Personen. Das Programm "60 Minutes" testete die Fähigkeit der CMU-Methode, anhand von Gehirnscans zehn Objekte zu identifizieren, indem ein Mitarbeiter (= jemand, der austauschbar ist, falls etwas tragisch schiefgeht!) in das fMRT-Gerät geschoben wurde. Achtung: Der Computer der CMU hat alle 10 Fragen bei der ersten "Echtzeit"-Präsentation der Technik richtig beantwortet.

Auch nachdem andere "Gedankenlesen"-Forschungen behandelt wurden, widmete sich "60 Minutes" der kontroversen Verwendung von fMRT in der Lügendetektion. Am Ende gab es einen kurzen, vorsichtigen Blick auf das Neuromarketing. Bleiben Sie bis zum Ende dabei: Jeder, der sich gewünscht hat, die Gedanken einer anderen Person zu kennen, würde die Universalität dieses Wunsches verstehen. Natürlich ist das offensichtlich nicht möglich, da unsere Gedanken der privateste und unzugänglichste Teil von uns selbst sind. Nun, das haben wir immer angenommen. Der neuroscientifiche Fortschritt hat jedoch gezeigt, dass unsere Ideen auf der grundlegenden Ebene das Ergebnis von Milliarden von Neuronen sind, die in unseren Gehirnen gleichzeitig feuern. Könnten unsere Gedanken entschlüsselt werden, wenn diese Gehirnaktivität isoliert und analysiert werden könnte? Gibt es Grenzen für die Fähigkeit des Geistes, gelesen zu werden?

Ein ständiger Strom von Versuchspersonen besucht den Scanner-Raum an der Carnegie Mellon, der zwei Stockwerke unter der Erde liegt, um ihre Gehirne und Gedanken in diesem fMRT-Gerät "lesen" zu lassen. Die funktionelle Magnetresonanztomographie, oder fMRT, ist eine Scantechnik, die die während des bewussten Denkens ablaufenden neuronalen Prozesse untersucht. Die Gehirnaktivität wurde überwacht, während die Probanden im Scanner lagen und an zehn verschiedenen Gegenständen dachten; fünf davon waren Werkzeuge wie ein Schraubenzieher oder ein Hammer, und die restlichen fünf waren Strukturen wie ein Iglu oder ein Schloss. Das Ziel dieser Datenanalyse war es, das Verhalten einzelner Objekte zu unterscheiden. Sein Team konnte durch das Zerschneiden des Gehirns in Hunderte winzige Würfel und die Überwachung der Aktivität in jedem einzelnen Würfel unterschiedliche Muster für jedes Objekt bestimmen.

Überraschenderweise war die Antwort positiv. Bei der Betrachtung von Spiritualität war dieses Aktivierungsmuster am häufigsten. Dies war natürlich nur ein Gerücht.

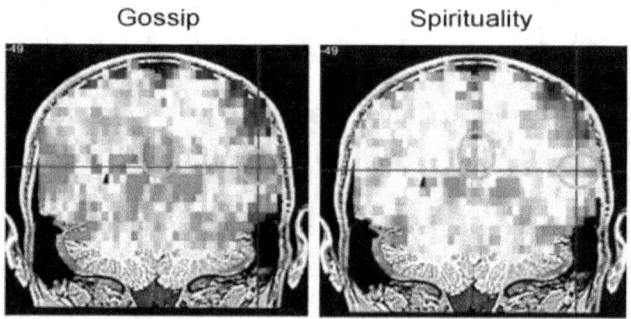

Der Unterschied zwischen den beiden wurde in Regionen des Gehirns gefunden, die laut Forschung aufleuchten, wenn wir die Erfahrungen und Perspektiven anderer betrachten. Natürlich in blau. Gedanken über Tratsch ließen diese Regionen in Rot aufleuchten, aber Gedanken über Spiritualität taten dies nicht.

Dr. Just untersuchte auch, ob dieselben Muster vorhanden sind, wenn Menschen in verschiedenen Sprachen denken. Das ist richtig. Um zu testen, ob Emotionen einzigartige Aktivierungsmuster haben, hat er Schauspielstudenten gebeten, diese im Scanner hervorzurufen. In seiner Forschung fand er heraus, dass jedes Gefühl einen eigenen einzigartigen Satz von Parametern hat. Man konnte auch den Unterschied zwischen ihnen erkennen.

G. ROMAN

KI und fMRT entschlüsseln die Hirndynamik des Neurofeedbacks

Was wäre, wenn Sie Ihre Höhenangst überwinden, das Training genießen und glücklicher sein könnten? Mit Hilfe von KI und Gehirnscantechnologie können Forscher bestimmte Ängste abbauen, das Selbstvertrauen stärken und persönliche Vorlieben verändern. Decoded Neurofeedback (DecNef) kann zu neuen Behandlungen für PTBS, Phobien, Angststörungen und anderen psychischen Erkrankungen führen.

DecNef ist nicht immer wirksam. Das Verständnis davon, wie das Gehirn seine eigenen Aktivitätsmuster reguliert, wird den Unterschied erklären und die klinische Anwendung ermöglichen. Um die Übertragung von der Grundlagenforschung zur Kommerzialisierung zu erleichtern, haben DecNef-Forscher einen einzigartigen Datensatz mit fünf Experimenten geteilt.

Ein internationales Team unter der Leitung von Wissenschaftlern des Computational Neuroscience Labs am ATR Institute International in Kyoto, Japan, veröffentlichte eine neurobildgebende Datenbank mit über 60 DecNef-Teilnehmern. Diese Datenbank enthält Gehirnbilder, maschinelles Lernen, Decoder und verarbeitete Daten.

Decoded Neurofeedback identifiziert spezifische Gehirninformationen, wie z.B. eine Angst-Erinnerung. "Gehirnscans werden in der Decoded Neurofeedback-Forschung eingesetzt, um die Gehirnaktivität zu überwachen und komplexe

Muster zu identifizieren, die eine Erinnerung oder einen mentalen Zustand annähern. Wenn das Muster gefunden wird, belohnen wir die Teilnehmer. Durch wiederholte Belohnung kann sich eine Erinnerung oder ein mentaler Zustand verändern." Mitsuo Kawato, Ph.D., Leiter der Computational Neuroscience Laboratories am ATR Institute International in Japan und leitender Autor der Studie, hat diese Technik vor einem Jahrzehnt entwickelt.

Fast 2.000 Forschungsartikel über Neurofeedback, einschließlich fMRI- und nicht-fMRI-Methoden, untersuchen die Anwendbarkeit der Technik bei Störungen von Autismus bis zur Schmerzbehandlung. Decoded Neurofeedback könnte für klinische Populationen besser geeignet sein als die Standardtherapie. Patienten könnten sich der Expositionstherapie und pharmakologischen Nebenwirkungen entziehen. Daher müssen wir die Entwicklung von Decoded Neurofeedback beschleunigen - und das ist nur möglich, wenn mehr Wissenschaftler mit den tatsächlichen Daten arbeiten können, sagte Aurelio Cortese, Ph.D., leitender Forscher am ATR Institute International und Hauptautor des Berichts.

DecNef kombiniert maschinelles Lernen mit geschlossener Schleife und fMRI-Neurofeedback. Es verändert die Gehirndynamik. DecNef verwendet MVPA für eine exzellente Zielspezifität. MVPA basiert auf Algorithmen, die lernen, Informationen in Aktivitätsmustern zu entschlüsseln, im Gegensatz zu Techniken, die die Gesamtaktivität behandeln, indem sie jeden Voxel (ein 3D-Gegenstück eines 2D-Pixels) isoliert betrachten.

Den Teilnehmern des Neurofeedbacks wird nichts über den Inhalt, das Ziel oder die Parameter des Experiments mitgeteilt, um kognitive Störungen zu vermeiden. Die Forscher können die Zielgehirnrepräsentation anhand von Ersatzteilnehmern mit Hilfe von Hyperalignment ableiten. Hyperalignment schafft einen hochdimensionalen Raum, indem es die Gehirnaktivitätsmuster der Teilnehmer linear transformiert.

Die Merkmale von DecNef machen es zu einem hervorragenden Werkzeug für die Entwicklung neuropsychiatrischer klinischer Anwendungen. DecNef hilft bei der Untersuchung der Gehirnfunktion. DecNef wurde verwendet, um die Vision, das perzeptive Lernen, die subjektive Präferenz und das perzeptive Vertrauen im frontoparietalen Netzwerk zu untersuchen.

Die DecNef-Datenbank fördert die globale Neurofeedback-Forschung durch Metaanalysen, computergestützte Modelle und neuronale Netzwerk-Simulationen. Der Datensatz umfasst fünf separate Experimente, 60 Teilnehmer und über 200 Stunden fMRI-Scanzeit im Rahmen des DecNef-Trainings. Jeder, der den Datensatz nutzen möchte, muss sich über ATR oder Synapse, einem Online-Datenrepository für neurowissenschaftliche Daten, bewerben. Die ursprüngliche Veröffentlichung und die Websites von ATR und Synapse geben an, wie man Zugriff auf den Datensatz erhält.

Um die weltweite wissenschaftliche Forschungsgemeinschaft zur Entwicklung der Datenbank zu gewinnen, haben die Autoren die DecNef-Software unter der Bedingung veröffentlicht, dass die Forscher ihre Daten über die DecNef-Datenbank zugänglich machen.

Kapitel Vier
CIA-Fernwahrnehmung an der Stanford University

Die Central Intelligence Agency (CIA) entschlüsselte und gab im Juli 1995 Unterlagen frei, die offenlegten, dass sie in den 1970er Jahren ein Programm am Stanford Research Institute in Menlo Park, Kalifornien finanzierte, um zu untersuchen, ob "Fernwahrnehmung für die Informationsgewinnung des Geheimdienstes von Nutzen sein könnte". Dies war der Beginn des öffentlichen Wissens über die Untersuchungen der Geheimdienstgemeinschaft zu Psi-Phänomenen (auch als Parapsychologie bekannt), die sich über zwei Jahrzehnte erstreckten. Der Gründer und erste Leiter des Programms (1972-1985) diskutiert hier die frühen Ursprünge des Programms, einschließlich einiger erster, jetzt entschlüsselter Ergebnisse, die frühzeitig Interesse weckten.

Bekannt als E.O. 1995-4-17 wurde am 17. April 1995 von Präsident Clinton als geheime nationale Sicherheitsinformation deklariert. Während das meiste, was langjährige Politik war, in der Direktive bestätigt wurde, gab es auch eine spürbare Verschiebung hin zu größerer Transparenz. Dies wird bereits im ersten Absatz deutlich, in dem es heißt: "Die nationalen Sicherheitsrisiken, denen wir gegenüberstehen, haben sich in den letzten Jahren dramatisch verändert, aber sie sind nicht verschwunden. Diese Veränderungen bieten uns eine bessere Chance, unsere Hingabe an eine transparente Regierung herauszustellen." Der Abschnitt über die

Klassifizierungsstandards der Verordnung enthält Bestimmungen wie "wenn es ernsthafte Unsicherheit über die Notwendigkeit gibt, Material zu klassifizieren, darf es nicht klassifiziert werden", die dieses Versprechen in die Praxis umsetzen. Der bemerkenswerte Satz "In einigen außergewöhnlichen Fällen kann jedoch das Bedürfnis, solche Informationen zu schützen, durch das öffentliche Interesse an der Offenlegung der Informationen aufgewogen werden, und in diesen Fällen sollte die Information entschlüsselt werden" erscheint später im Dokument in Bezug auf Informationen, die weiterhin geschützt werden müssen.

Die erhöhte Belastung für diejenigen, die für die Sicherung verantwortlich sind, als Ergebnis dieser neuen Art des Denkens über die Klassifizierung im Lichte gerechtfertigter Forderungen nach Transparenz, ist ein entscheidender Nachteil. Eine Auswirkung davon ist, dass lang erwartete Anfragen nach dem Informationsfreiheitsgesetz (Freedom of Information Act, FOIA) endlich erfüllt werden.

Aufgrund dieser Politikänderung hat die Regierung ihre über zwei Jahrzehnte andauernde Beteiligung an der Finanzierung hochklassifizierter Sonderzugriffsprogramme im Bereich der Fernwahrnehmung (Remote Viewing, RV) und verwandter Psi-Phänomene, zunächst am Stanford Research Institute (SRI) und später am Science Applications International Corporation (SAIC), beides in Menlo Park, Kalifornien, öffentlich gemacht. Während ein Großteil der Programmunterlagen noch klassifiziert ist, entschlüsselte und veröffentlichte die CIA (der ursprüngliche Sponsor des Programms) im Juli 1995 270 Seiten von SRI-Berichten. Die Veröffentlichung der SRI-Berichte durch die CIA ist das erste öffentliche Eingeständnis einer bedeutenden Beteiligung der Geheimdienstgemeinschaft im Bereich der Psi-Phänomene, trotz jahrelanger Kolumnen von Jack Anderson und anderen, die Lecks von "psychischen Spionage"-Programmen mit Namen wie Grill Flame, Center Lane, Sunstreak und Star Gate behaupteten.

"Remote Viewing", allgemein bekannt als Extrasensorische Wahrnehmung (ESP), bezeichnet die Fähigkeit des Menschen, Informationen und Bilder von entfernten geografischen Zielen wahrzunehmen. Fortgeschrittene Praktizierende des indischen Yogasystems waren mit "Divya Drishti" gut vertraut.

Berichten zufolge setzten die Vereinigten Staaten von Amerika und die Sowjetunion während des Kalten Krieges "fernwahrnehmende" Psychiker ein, um gegenseitig Spionage zu betreiben und geheimdienstlich relevante Informationen zu erlangen. Kurz gesagt ist das "ferne Sehen" die Fähigkeit menschlicher Teilnehmer, Informationen über geografische Ziele zu erhalten, die räumlich (und zeitlich) weit entfernt sind und mit bekannten Sinnesmitteln sonst unerreichbar wären.

Das US-amerikanische Fernwahrnehmungsprogramm bestand aus zwei Teilen:

(a) Das Forschungsprogramm "Anomalous Cognition" (AC), das in den 1970er Jahren in Menlo Park, Kalifornien, von den Physikern Hal Putoff und Russell Targ ins Leben gerufen wurde und später unter der Leitung von Edwin May zur Science Applications International Corporation (SAIC) verlagert wurde. Ihre frühen Forschungsergebnisse wurden seit den 1970er Jahren in hochwertigen wissenschaftlichen Publikationen veröffentlicht.

(b) Das Projekt STARGATE ist der Codename für eine Sammlung von Anstrengungen der Geheimdienstorganisationen der Regierung, missionsspezifische operative Aufträge zu bearbeiten.

Teile der Geschichte dieses streng geheimen Programms wurden im Juli 1995 von der CIA veröffentlicht, als der Kalte Krieg schließlich begann, sich abzukühlen. Eine Reihe von Personen, die an diesem Programm beteiligt waren, haben in den Jahren Bücher und wissenschaftliche Artikel verfasst. Diese Autoren haben jedoch ihre Enttäuschung darüber zum Ausdruck gebracht, dass sie daran gehindert wurden, weitere "sensible" Informationen über das Programm zu veröffentlichen. Diese Zusammenfassung basiert auf bereits veröffentlichtem Material.

Extrasensorische Wahrnehmung (ESP) ist ein weiterer Begriff für Remote Viewing, ein Begriff, der ursprünglich von dem frühen Parapsychologie-Forscher J.B. Rhine im Jahr 1934 geprägt wurde. Diejenigen, die die indische yogische Geschichte studieren, haben jedoch ein gründliches Verständnis dafür. Die erste der ashta-siddhis (oder psychischen Kräfte), die ein ernsthafter Yoga-Praktizierender erlangen kann, wird in Aphorismus 3.26 von Patanjalis klassischem Werk Yoga Sutras (400 v.Chr.) als "Erwerb von Wissen über das Kleine, das Verborgene oder das Ferne durch das Lenken des Lichts der überphysischen Fähigkeiten" beschrieben. Amerikanische Methoden des "Blicks in die Ferne und die Zukunft" wurden von Kritiker Russell Targ als "bemerkenswert vergleichbar mit den umfassenden Anweisungen, die im Yoga Sutra angeboten werden" bezeichnet!

Es scheint, dass dies ein Aspekt des menschlichen Geistes ist, der den meisten alten Zivilisationen bekannt war. Die Verwendung von hellseherischen Fähigkeiten zur Erlangung taktischer Vorteile auf dem Schlachtfeld wird sowohl in indischen als auch in chinesischen kanonischen Texten erwähnt.

Nach der Veröffentlichung von "Psychic Discoveries Behind the Iron Curtain" im Jahr 1970 von Sheila Ostrander und Lynn

Schroeder begann die US-Regierung offenbar, sich für das Potenzial militärischer Anwendungen von "Remote Viewing"-Techniken zu interessieren.

Die Central Intelligence Agency (CIA) der USA wurde durch dieses Buch offenbar zum Handeln aufgefordert und löste das aus, was ein Journalist als "Wettlauf im Inneren Raum" bezeichnet hat. In seinen Erinnerungen an das SRI Studies-Programm gibt Hal Puthoff, der Gründer und erste Direktor des Instituts, ein lebhaftes Bild von den Anfängen des Programms.

Forscher an der Duke University unter der Leitung von J.B. Rhine führten in den 1930er und 1940er Jahren mit einem Kartenspiel namens "Zener-Karten", das Symbole wie ein Quadrat, einen Kreis, einen Stern, ein Pluszeichen und ein wellenförmiges Muster enthielt, eine systematische wissenschaftliche Untersuchung von Telepathie und ESP durch. In einem Raum würde ein "übertragender Agent" seine geistige Konzentration auf eine dieser Karten richten, während sie offen war. Ein "Empfänger" oder "Viewer" in einem benachbarten Raum würde versuchen, die sichtbare Karte zu bestimmen. Der Prozentsatz der korrekten "Kartenschätzungen" würde nach jedem Test aufgezeichnet werden. Wenn die experimentelle Trefferquote signifikant höher war als die erwartete Rate von einem Fünftel (20%), wurde auf eine telepathische oder ESP-Form der Informationsübertragung geschlossen.

Leider musste das Experiment tausende Male wiederholt werden, um statistisch signifikante Ergebnisse zu erzielen, was zu "Rückgangseffekten" aufgrund von Langeweile (oder Erschöpfung) seitens des Remote Viewers führte. Um dieses Problem zu umgehen, haben Parapsychologie-Forscher am SRI die Zener-Karten durch eine Reihe von Fotos aus dem National Geographic ausgetauscht. Zu diesem Zweck wurde ein "Rangordnungs"-System zur Bestimmung der Erfolgsquote entwickelt.

Als nächstes konzentrierten sich die Wissenschaftler darauf festzustellen, wie oft ein Remote Viewer eine natürliche Szene oder einen militärischen Standort erkennen und beschreiben konnte, an dem sich ein "Agent" oder eine "Funkbake" in "Testumgebungen" oder Feldexperimenten befand. Jeder Teilnehmer, ob er nun der "übertragende Agent" vor Ort oder der "Viewer" im Labor war, musste den gleichen 30-Punkte-Fragebogen ausfüllen und jedes Element mit "Ja" oder "Nein" markieren. Das Engineering Anomalies Research Programme der Princeton University wird für die Entwicklung dieser Evaluierungsmethode im Rahmen der Untersuchung von "Präkognitiver Fernwahrnehmung" gelobt. Die Effektivität des Remote Viewers wurde mit modernsten computergestützten Ansätzen aus den Bereichen künstliche Intelligenz und Mustererkennung gemessen.

In der nächsten Phase der Forschung, die militärischen Spionageeinsätzen nachempfunden wurde, wurde auf die physische Anwesenheit des übertragenden "Agents" am Zielort verzichtet und stattdessen der Remote Viewer ermutigt, relevante militärische Ziele innerhalb der Vereinigten Staaten unter Verwendung der Breiten- und Längengrade des Ortes zu betrachten. Auf der Website von Edwin May (www.lfr.org) findet sich eine kurze Beschreibung der Ergebnisse der staatlich finanzierten Studie über "anomale Kognition". Zum Zeitpunkt der offiziellen Einstellung des Programms im Jahr 1995 leitete Dr. May die Forschung bei der SAIC als deren Direktor.

RV-Daten werden von der US-Geheimdienstgemeinschaft, wenn sie öffentlich zugänglich gemacht werden, als wertvolle Ressource angesehen, da sie Informationen aus anderen Quellen ergänzen. Im anhaltenden Kampf gegen den Terrorismus besteht beispielsweise gute Ursache zu der Annahme, dass mehrere Behörden die Hilfe ihrer angeblichen "Remote Viewer" in Anspruch genommen haben, unabhängig von der Nützlichkeit einer solchen Unterstützung.

Aber wahrscheinlich hat die Erforschung des RV noch weitreichendere Konsequenzen, denn sie stützt eine alte Idee, die in vielen östlichen Weisheitstraditionen zentral ist: dass das menschliche "Bewusstsein" nicht auf einen bestimmten physischen Ort beschränkt ist. Laut Autor Russell Targ, dessen Buch "Miracles of Mind" im Jahr 1997 veröffentlicht wurde, trägt dies dazu bei, spirituellen und fernöstlichen Heilmethoden eine gewisse wissenschaftliche Glaubwürdigkeit zu verleihen.

Eine weitere wichtige Thematik, die aus RV-Studien hervorgeht, ist die Möglichkeit der Präkognition und ihre Auswirkungen. Auch hier scheint es einige "wissenschaftliche Gültigkeit" für unglaubliche, aber anekdotische Geschichten von Vorahnungen und unglaublich genauen Vorhersagen zu geben, wie sie zum Beispiel Edgar Cayce machte. Die PEAR-Gruppe an der Princeton University hat zusammen mit anderen über die Auswirkungen ausgiebig diskutiert. Die Möglichkeit der Präkognition wirft einige der grundlegendsten philosophischen Fragen wie die nach dem freien Willen und der Kausalität auf.

Das Fernsehen wurde in unseren alten Texten ausführlich behandelt, und angesichts seiner potenziellen Bedeutung für unser Wissen über das Bewusstsein ist es höchste Zeit, dass diese Frage an renommierten akademischen Institutionen in Indien systematisch untersucht wird. Insbesondere wäre es faszinierend, die Behauptungen einiger Yoga-Forscher in Indien zu testen, dass die Ausbildung von Probanden in richtigen yogischen/meditativen oder anderen Schulungstechniken dazu beitragen kann, dass sie Fernwahrnehmungsfähigkeiten erlangen.

U.S. Gedankenkontrolle Operationen auf Kontinenten über Jahrzehnte hinweg

"Mir wurde bereits genug genommen. Mein ursprünglicher Nachname ist längst vergessen. Ich habe den Kontakt zu meinen Kindern verloren. Das ist eine erniedrigende und traurige Wahrheit", kommentierte Maryam Ruhullah, 72, Opfer von MK Ultra und derzeitige Bewohnerin von Grand Prairie, Texas.

Die Vereinigten Staaten und ihre legendäre Spionageorganisation, die Central Intelligence Agency (CIA), führten ein Menschenversuchsprogramm namens MK Ultra (CIA) durch. Alles begann am 13. April 1953 und dauerte weitere 20 Jahre.

Während des Kalten Krieges entwickelten die Vereinigten Staaten ein geheimes Programm namens "MK Ultra" mit dem Ziel, Waffen zur Manipulation des Verhaltens von Gegnern aus dem sowjetischen Block durch den Einsatz von Drogen und anderen psychologischen Manipulatoren zu entwickeln.

Menschen wurden routinemäßig brutalen Experimenten mit psychedelischen Substanzen, Paralytika und Elektroschocktherapie ausgesetzt, die hinter den Kulissen durchgeführt wurden. Die ahnungslosen Versuchspersonen waren Menschen aus den Vereinigten Staaten und anderen Ländern. Dies ist ein perfektes Beispiel für eine massive Verletzung der Menschenrechte.

Fort Detrick diente als wichtige Operationsbasis, und dort wurden viele Experimente durchgeführt. Als Ergebnis dieser Tests verloren viele Menschen ihr Leben. Die Überlebenden wurden mit dem Tod bedroht und hatten ihre Erinnerungen gelöscht, so dass sie ihren eigenen Namen vergaßen und dauerhafte Persönlichkeitsveränderungen erlitten. Ruhullah erzählte der Global Times, dass die physischen, mentalen, emotionalen und sozialen Tragödien und Verletzungen, die sie während des Krieges erlitt, immer noch bei ihr sind.

Ruhullahs Abstieg in den Wahnsinn begann im Alter von 5 oder 6 Jahren, als sie bei einer Parade in London war. Die CIA ließ sie in die Vereinigten Staaten bringen, wo sie ständigem Gehirnwäsche durch eine abgespielte Aufnahme ausgesetzt war, die immer wieder abgespielt wurde.

"Mir wurden Elektroschockbehandlungen gegeben und einmal in einem Raum eingesperrt. Als ich langsam wieder zu mir kam, sagte eine der Krankenschwestern: "Warum tun sie ihr das an?" Warum wird sie so vielen Elektroschockbehandlungen ausgesetzt?", erklärte Ruhullah.

Aufgrund ihrer iranischen Herkunft hatte Ruhullah das Gefühl, dass das, was mit ihr passiert war, politische Motivationen hatte. Ihr Leben und ihre Ausbildung setzten sich in Russland fort, nachdem sie dorthin verpflanzt worden war. Sie heiratete frühzeitig einen Amerikaner und wurde dann in die Vereinigten Staaten verpflanzt. Sieben Jahre später erschien ein Agent einer US-Strafverfolgungsbehörde an ihrer Tür und informierte sie, dass sie in Schutzhaft genommen werde. Sie wehrte sich gegen die Abreise, musste aber letztendlich gehen. Sie hatte keine Möglichkeit, sich mit ihrem Ehemann oder ihrem Sohn in Verbindung zu setzen, der zu diesem Zeitpunkt wahrscheinlich etwa 6 Jahre alt war. Dies war ihre zweite Erfahrung mit einem Gedankenkontrollexperiment, das sie durchlaufen musste, ohne eine Wahl zu haben.

Nach Angaben von Ruhullah führt sie ein von jemand anderem geschaffenes Lügenleben. "Aufgrund dessen, was deine Kraft raubt, fühlst du dich weiterhin körperlich erschöpft. Es gibt niemanden, mit dem du darüber sprechen kannst, da jeder, mit dem du interagieren darfst, in die Lüge eingeweiht ist, entweder weil es ihnen egal ist oder weil sie zu bequem damit sind oder weil sie eine ausreichende Loyalität gegenüber der Regierung entwickelt haben, um die Konsequenzen einer Nichtübereinstimmung zu fürchten."

Die Gedankenkontrollprogramme der CIA beschränkten sich nicht nur auf amerikanischem Boden; sie wurden auch an Verbündete wie Kanada, Australien und Dänemark exportiert. Die dänische Dokumentation "The Search for Myself", die im Dezember 2021 veröffentlicht wurde, wirft der CIA vor, in den frühen 1960er Jahren Tests an 311 dänischen Kindern finanziert zu haben, von denen viele Waisen oder Adoptierte waren. Regisseur Per Wennick war selbst eines der betroffenen Kinder.

Wennick, der angeblich zu den Kindern gehörte, die zum Mitmachen gezwungen wurden, enthüllte gegenüber Radio Denmark, dass ihm Elektroden an Armen, Beinen und Brust nahe am Herzen befestigt wurden. Die Kinder wurden auch extrem unangenehmen Lautstärke- und Tonhöhenpegeln ausgesetzt.

Australische Medien haben berichtet, dass in den 1960er Jahren in Australien amerikanische Psychologie-Experimente mit Studenten an der University of Sydney durchgeführt wurden.

Es gab noch viel mehr, als in der dänischen Dokumentation zu sehen war und in den australischen Medien berichtet wurde. An der Allan Memorial Institute der McGill University in Kanada wurden im Rahmen von MK Ultra zwischen 1950 und 1964 geheime Experimente unter der Leitung des schottischen Psychiaters Dr.

Ewen Cameron und der kanadischen Regierung sowie der CIA durchgeführt.

Niemand in Kanada hat seine Zustimmung gegeben, dass seine medizinischen Unterlagen auf diese Weise verwendet werden, und niemand in der Studie war sich bewusst, dass er an verdeckter Forschung teilnimmt. Während Hunderte von Familien durch diese Experimente zerstört wurden, haben weder die CIA noch die kanadische Regierung öffentlich für ihre Beteiligung entschuldigt.

Zu dieser Gruppe gehören auch die Verwandten von Julie Tanny. Ihr Vater ging 1957, als sie 5 Jahre alt war, zu einem Arzt, weil er an Trigeminusneuralgie litt. Der Arzt, der in das Gedankenkontrollschema von Dr. Cameron verwickelt war, ließ ihren Vater an einem der Gehirnwäscheprogramme teilnehmen.

Tanny erzählte der Global Times, dass ihr Vater im Rahmen seiner Indoktrination zuerst in den Schlaf versetzt wurde und dann sich selbst auf einer Schleife aufgenommene Sätze anhören musste, während er schlief. Als nächstes wurde er einer Reihe von Elektroschockbehandlungen unterzogen, bei denen ein Gerät namens Page-Russells verwendet wurde, das Spannungen abstrahlte, die etwa 75-mal stärker waren als eine konventionelle Elektroschockbehandlung, um sein Gedächtnis zu löschen.

Tannys Vater wurde drei Monate lang solchen Studien unterzogen, bevor er entlassen wurde, weil er "immer noch Verbindungen zu seinem früheren Leben hat". Er kehrte zu seiner glücklichen Familie zurück, aber sie wurde bald zerstört.

"The C.I.A. Doctors: Human Rights Violations by American Psychiatrists" wurde von dem amerikanischen Psychiater Colin A. Ross geschrieben, der nach der Analyse von 15.000 Seiten CIA-Dokumente seine Erkenntnisse in einem Buch mit dem gleichen

Namen veröffentlichte. Aufgrund seiner Ausbildung als Psychiater kam er zu dem Schluss, dass die Gedankenkontrollprogramme der CIA äußerst schädlich für die grundlegende Würde und Autonomie der Menschen sind. Ross stellt auch die Moral der CIA-Ärzte in Frage.

"Wenn Sie psychische Erkrankungen behandeln wollen, müssen Sie absichtlich psychische Erkrankungen hervorrufen. Der Patient/Proband gibt auch keine Art von informierter Zustimmung. Sie sind vor Gericht auf sich allein gestellt, ohne Anwalt. Es verstößt daher gegen jeden Grundsatz medizinischer Ethik", so Ross.

Die CIA hat trotz wachsender öffentlicher Empörung und Kritik bisher keine formale Entschuldigung für ihr Verhalten während und nach dem Kalten Krieg abgegeben. Obwohl die Vorfälle Jahrzehnte zurückliegen, sind die Gedankenkontrolloperationen der CIA immer noch wichtig, da sie eine erschreckende historische Erzählung von Fehlverhalten der Geheimdienste in einer Gesellschaft geben, die ständig Menschenrechte und Freiheit predigt.

Laut Aleksandr Kolpakidi, einem Historiker des russischen Geheimdienstes, handelt es sich dabei um "die traditionelle Art der US-Demokratie": Die USA verletzen nach Belieben Menschenrechte und begehen Verbrechen, und erst Jahrzehnte später sind sie verpflichtet, es zuzugeben.

Tanny gibt an, regelmäßig E-Mails von Menschen zu erhalten, die in diesem Moment Opfer von solchen Gedankenkontrollexperimenten sind. Dies lässt sie glauben, dass Gedankenkontrollexperimente immer noch durchgeführt werden, wenn auch auf einer anspruchsvolleren Ebene als in den 50er Jahren.

"Ich vermute, moderne Methoden der Gedankenkontrolle sind weit fortgeschrittener als ihre mittelalterlichen Pendants. Es ist eine Herausforderung, das zu wissen, um es vorsichtig auszudrücken. Es würde mich nicht schockieren, wenn das der Fall wäre. Staatsregierungen funktionieren wie Staatsregierungen. Meiner Meinung nach hat sich seitdem nicht viel verändert. Heutzutage geht es darum, wer den größten Einfluss und die größte Autorität in unserer Welt ausüben kann", sagte Tanny.

1975 wurde das MK Ultra-Programm der CIA öffentlich bekannt, und seitdem kämpfen Opfer und ihre Familien in Kanada für Gerechtigkeit und Rechenschaftspflicht für das erlittene Trauma durch die CIA.

Nach acht Jahren Rechtsstreitigkeiten ab 1980 einigte sich das US-Justizministerium auf lächerliche 67.000 US-Dollar für jeden der neun kanadischen Kläger.

Tannys Mutter erhielt am selben Tag, an dem ihr Ehemann 1992 starb, 100.000 US-Dollar von der kanadischen Regierung. Ihre Entschädigung war eine von insgesamt 77 Zahlungen.

Verglichen mit den enormen 2 Millionen US-Dollar, die es Tannys Mutter kostete, sich um ihren Vater zu kümmern, war dies ein kleines Trinkgeld. Und kurz nachdem ihr Vater verstorben war, erhielt ihre Mutter die Diagnose einer terminalen Krebserkrankung.

Sie trifft immer wieder auf Menschen, die Opfer solcher Gedankenkontrollexperimente sind, und 2017 gründete sie zusammen mit anderen Opfern die Gruppe "Survivors Allies Against Government Abuse", um den Druck auf die Beklagten zu erhöhen. Tanny hat bei der US-Regierung, der kanadischen Regierung, dem medizinischen Zentrum der McGill University, der McGill University und dem Allan Memorial Institute beantragt, als Beklagte in eine Sammelklage aufgenommen zu werden, in der Hoffnung, dass dies zu einer Entschädigung für die Familien der Opfer und andere Opfer führen wird.

Tanny hat der Global Times mitgeteilt, dass die Klage gegen die US-Regierung am 26. April eingereicht wird.

In einem Interview äußerte Ruhullah den Wunsch nach einem Gedenktag zur Ehre derer, die von MK Ultra betroffen waren.

"Ich weiß, dass nach dem Ende der Apartheid ein Versöhnungsrat geschaffen wurde. Damit sich die Menschen und die Nation erholen können, haben wir hier nichts Derartiges, sei es MK Ultra, Sklaverei oder der Völkermord an den amerikanischen Ureinwohnern. Erkennen Sie das Unrecht an, entschuldigen Sie sich dafür, leisten Sie gegebenenfalls Wiedergutmachung und arbeiten Sie an einer echten Versöhnung", so Ruhullah.

G. ROMAN

Die geheime Suche der CIA

Der Central Intelligence Agency (CIA) glaubte zu Beginn des Kalten Krieges, dass die Sowjets ein Medikament oder eine Methode zur Gedankenkontrolle entwickelt hatten. Als Vergeltung startete die CIA das Projekt MK-ULTRA, eine geheime Initiative, um eine chemische Substanz zu entdecken, die einen Zustand des Bewusstseins induzieren könnte, der als Waffe eingesetzt werden könnte.

Sidney Gottlieb, ein Wissenschaftler, entwarf und überwachte MK-ULTRA, ein geheimes Regierungsprogramm, das von den 1950er Jahren bis Anfang der 1960er Jahre aktiv war. Laut dem Journalisten Stephen Kinzer, der Jahre damit verbrachte, das Programm zu erforschen, war es die "größte anhaltende Suche in der Geschichte nach Möglichkeiten der Gedankenkontrolle".

Nach Kinzer wurden einige von Gottliebs Experimenten in amerikanischen Gefängnissen und in Lagern in Japan, Deutschland und den Philippinen durchgeführt, während andere diskret an Universitäten und Forschungszentren finanziert wurden. Laut Kinzers Studien wurden mehrere der unwissenden Teilnehmer psychischer Folter ausgesetzt, einschließlich Elektroschocks und hoher Dosen von LSD.

Kinzer erklärt, dass Gottlieb versuchte, einen "Mechanismus zu finden, um die Gehirne der Menschen zu kontrollieren" und erkannte, dass dies einen "zweigeteilten Ansatz" erforderte. "Es war notwendig, das vorherige Bewusstsein zu zerstören. Zweitens musste man herausfinden, wie man den neu geschaffenen mentalen Raum füllen kann. Beim zweiten Teil haben wir kaum Fortschritte gemacht, aber er hat bedeutende Fortschritte gemacht."

Kinzer weist darauf hin, dass aufgrund der Geheimhaltung von Gottliebs Arbeit der menschliche Tribut seiner Experimente nie genau berechnet werden kann. Wir wissen nicht, wie viele Menschen gestorben sind, aber viele von ihnen haben ihr Leben unwiderruflich verändert, sagt er.

Später kam Gottlieb zu dem Schluss, dass Gedankenkontrolle unmöglich sei. Nachdem das Projekt MK-ULTRA eingestellt wurde, überwachte er die Entwicklung von Giften und fortschrittlicher Technologie für den Einsatz durch Spione bei der CIA.

Kinzers neues Buch "Poisoner in Chief" handelt von Gottlieb und MK-ULTRA. Das Wissen über LSD wurde zur Obsession der frühen Direktoren des Programms, die nach Substanzen suchten, die zur Manipulation des menschlichen Denkens verwendet werden könnten. Sidney Gottlieb, der Mann an der Spitze von MK-ULTRA, wird heute weithin als die Person anerkannt, die LSD in die Vereinigten Staaten einführte. Unwissentlich gründete er die gesamte LSD-Subkultur.

Er orchestrierte den Kauf von LSD aus der ganzen Welt für 240.000 US-Dollar in den frühen 1950er Jahren. Er brachte es in die USA und begann, es über Krankenhäuser, Kliniken, Gefängnisse und andere Institutionen zu verteilen, mit der Bitte, Studien darüber durchzuführen, was LSD ist, wie die Menschen darauf reagieren und ob es als Werkzeug zur Gedankenkontrolle verwendet werden könnte, indem gefälschte Stiftungen geschaffen wurden.

Es ist wichtig zu beachten, dass viele der Personen, die freiwillig LSD in diesen Experimenten einnahmen, von durchaus positiven Auswirkungen berichteten. Sie erzählten es ihren Freunden weiter. Woher kamen sie? Vom MK-ULTRA-Programm der CIA, das von Sidney Gottlieb geleitet wurde. Der Autor von "Einer flog über das Kuckucksnest", Ken Kesey, probierte zum Beispiel zum ersten Mal LSD während des Programms. Robert Hunter, Liedtexter der Band Grateful Dead, die für die Förderung und Verbreitung der LSD-Kultur bekannt wurde, tat dasselbe. Sidney Gottlieb verabreichte Allen Ginsberg, dem Dichter, der von der enormen persönlichen Reise durch die Verwendung von LSD sprach, seine erste Dosis. Offensichtlich war ihm dieser bestimmte Name unbekannt. Die CIA führte also versehentlich LSD in den Vereinigten Staaten ein, und es ist eine große Ironie, dass die Substanz, von der die CIA hoffte, dass sie der Schlüssel zur Kontrolle der Menschheit sein würde, stattdessen zu einer generationalen Rebellion führte, die darauf abzielte, alles zu zerstören, was die CIA liebte und verteidigte.

Diskussion über die Verwendung von Insassen als Testpersonen für MK-ULTRA, einschließlich des berüchtigten Mobsters Whitey Bulger.

Whitey Bulger war unter anderen freiwilligen Teilnehmern in einem Experiment eingesperrt, das angeblich nach einer Behandlungsmethode für Schizophrenie suchte. Er nahm über ein Jahr lang kontinuierlich LSD im Rahmen dieser Studie ein. Später erfuhr er, dass er als Versuchskaninchen in einem staatlichen Experiment benutzt worden war, das die langfristigen Reaktionen der Menschen auf LSD beobachten sollte, und dass die Erfahrung nichts mit Schizophrenie zu tun hatte. Würde jemand, dem wir so lange täglich LSD geben, letztendlich verrückt werden? Später dokumentierte Bulger sein erschütterndes Martyrium schriftlich.

Die Vorstellung, verrückt zu werden, ängstigte ihn. Um es sinngemäß auszudrücken, was er geschrieben hat: "Ich saß im Gefängnis wegen einer Straftat, aber sie haben mir eine noch schlimmere Straftat angetan." Gegen Ende seines Lebens erkannte Bulger die Wahrheit darüber, was ihm widerfahren war, und informierte seine Freunde darüber, dass er den Arzt in Atlanta ausfindig machen wollte, der das Experimentationsprogramm im Gefängnis überwacht hatte.

Die Rekrutierung von Nazi-Ärzten und japanischen Folterern durch die CIA, um Einblick in ihre Techniken zu erhalten.

MK-ULTRA, ein CIA-Projekt zur Gedankenkontrolle, war im Wesentlichen eine Erweiterung der in japanischen und nazistischen Konzentrationslagern entwickelten Techniken. Es lehnte sich nicht nur stark an diese Studien an, sondern die CIA holte auch Vivisekteure und Folterer, die zuvor in japanischen und nazistischen Konzentrationslagern gearbeitet hatten, um ihre Ergebnisse zu erläutern.

Zum Beispiel wurde Mescalin von Nazi-Wissenschaftlern im Konzentrationslager Dachau umfangreich erforscht, und die CIA war daran interessiert herauszufinden, ob dieses Halluzinogen das Geheimnis der Gedankenkontrolle birgt, was eine ihrer Hauptfragen war. Daher holten sie die Nazi-Ärzte, die zuvor an dem Projekt gearbeitet hatten, an Bord, um ihnen Ratschläge zu geben.

Die Nazis teilten auch ihr Wissen über tödliche Chemikalien wie Sarin mit, die bis heute im Einsatz sind. Als CIA-Agenten nach Fort Detrick in Maryland, dem Epizentrum des Projekts, reisten, hielten ihnen Nazi-Ärzte Vorträge über die tödliche Dosis von Sarin und wie lange es dauerte, bis die Opfer starben.

Radikale Versuche von Gottlieb in ausländischen Ländern.

Da Europa und Ostasien in den frühen 1950er Jahren weitgehend unter amerikanischem Einfluss standen, richteten Gottlieb und die CIA geheime Haftzentren in ganz Europa und in Ländern wie Japan, Deutschland und den Philippinen ein, in denen sie Gefangene ohne rechtliche Konsequenzen festhalten konnten.

In ganz Europa und Asien verhafteten CIA-Agenten alle, die sie verdächtigten, ein feindlicher Spion zu sein oder die sie für entbehrlich hielten. Sie nahmen ihre Opfer fest, sperrten sie ein und unterzogen sie einer Reihe von Experimenten mit Drogen und anderen Techniken (wie Elektroschocks, extremen Temperaturen und sensorischer Isolation) und befragten sie ständig, um ihre Abwehrmechanismen zu schwächen und ihr Selbstwertgefühl zu zerstören. Diese Bemühungen zielten also nicht nur darauf ab, mehr über das menschliche Gehirn zu erfahren, sondern es vollständig zu löschen. Obwohl Gottlieb ein fürsorglicher Mensch war, folterte er mehr Menschen als jeder andere seiner Zeit.

Gottlieb hatte weitgehend freie Hand für seine Arbeit. Sein "eigentlicher" Vorgesetzter, Richard Helms, und der Direktor der CIA, Allen Dulles, gaben ihm stillschweigend ihre Zustimmung. Aber niemand war wirklich neugierig auf seine Handlungen. Jemand hatte dieser Person die Erlaubnis gegeben, Leben zu nehmen. Niemand überprüfte ihn, als er Testpersonen aus aller Welt einsammelte, einschließlich der Vereinigten Staaten, und sie einer breiten Palette von grausamen und potenziell tödlichen Experimenten aussetzte. Niemand verlangte jemals von ihm, formelle Berichte einzureichen. Wahrscheinlich glaubte das Team hinter diesem Vorhaben, richtig, dass die Beherrschung der Gedankenkontrolle ihnen die absolute Herrschaft über den gesamten Planeten verleihen würde.

Als Gottlieb die CIA verließ, löschte er alle Aufzeichnungen über seine Experimente.

Die Absetzung von Richard Helms als Direktor der CIA durch [Präsident Richard] Nixon im Jahr [1973] war der letzte Strohhalm für Gottlieb, der von Helms unterstützt wurde. Es war nur eine Frage der Zeit, bis Gottlieb nach Helms die CIA verließ, und Helms war der einzige Mensch in der Behörde, der etwas über Gottliebs Aktivitäten wusste. Als sie die CIA verließen, schlossen sie einen Pakt, alle Dokumente im Zusammenhang mit MK-ULTRA zu vernichten. Gottlieb fuhr persönlich zu den CIA-Archiven und leitete die Vernichtung der MK-ULTRA-Akten ein. Einige Dokumente wurden jedoch an anderen Orten gefunden, zum Beispiel wurde ein Lagerraum für ungenutzte Kostenberichte entdeckt, und andere Unterlagen überlebten. Obwohl er Anfang der 1970er Jahre mit der Zerstörung seiner Spuren weitgehend erfolgreich war, indem er alle diese Aufzeichnungen vernichtete, gibt es immer noch genügend Informationen, um eine grobe Skizze seiner Aktivitäten zusammenzustellen.

G. ROMAN

Projekt Star Gate

In den 1970er Jahren nutzte die CIA "Gedankenleser", um die Sowjets auszuspionieren. Ein Kongressabgeordneter bezeichnete Projekt Star Gate als Versuch, "ein verdammt billiges Radarsystem" bereitzustellen, das von 1972 bis 1995 lief. Die US-Regierung erwog während des Kalten Krieges den Einsatz von Gedankenlesen als mächtige neue Waffe, um der Sowjetunion entgegenzuwirken. Männer und Frauen, die behaupteten, außersinnliche Wahrnehmung (ESP) zu besitzen, wurden von der CIA, der Armee und der Defense Intelligence Agency für eine streng geheime Studie rekrutiert, die in einem Forschungslabor in Kalifornien in den 1970er Jahren und später an einem Armeestützpunkt in Maryland stattfand. Etwa 12 Millionen Seiten von Dokumenten, die mit dem Programm zusammenhängen und als Projekt Star Gate bekannt wurden, wurden 2017 von der CIA freigegeben. Bevor das Programm 1995 eingestellt wurde, hatten sogenannte "fernerwachende" Personen bei allem geholfen, von der Verfolgung flüchtiger Straftäter in den Vereinigten Staaten bis zur Lokalisierung von Geiseln, die von islamistischen Terrorgruppen entführt wurden. Die Ursprünge von Projekt Star Gate lassen sich bis ins Jahr 1972 zurückverfolgen, als ein geheimer Bericht behauptete, die Sowjetunion investiere intensiv in die Erforschung außersinnlicher Wahrnehmung (ESP) und Psychokinese (die Fähigkeit, Objekte mit dem Verstand zu bewegen) zu Spionagezwecken. Als Gegenmaßnahme unterstützte die CIA ihre eigene streng geheime Forschung am Stanford Research Institute in Menlo Park, Kalifornien. Im Dezember desselben Jahres wurde Uri Geller, ein ehemaliger israelischer Soldat, der durch seine Behauptungen über psychische Fähigkeiten bekannt geworden war, vom SRI-Forschungsteam nach Menlo Park eingeladen. Obwohl Geller für seine angebliche Fähigkeit bekannt war, Metallbesteck mit dem Verstand zu biegen, interessierte sich die CIA eher für seine angebliche Fähigkeit, die Gedanken anderer zu lesen und zu manipulieren. Entklassifizierte Dokumente zeigen, dass CIA-Analysten daran interessiert waren, Gellers Fähigkeiten im Bereich der "Gedankenprojektion" zu untersuchen und deren potenzielle Verwendung für nationale Sicherheitszwecke zu prüfen, wie Annie Jacobsen in ihrem Buch "Phenomena: The Secret History of the U.S. Government's Investigations into Extrasensory Perception and Psychokinesis" beschreibt. Wenn man Jacobsen glaubt, spielte Geller eine wichtige Rolle bei der Initiierung offizieller Regierungsforschungen zur außersinnlichen Wahrnehmung und Psychokinese in den Vereinigten Staaten. Laut ihrer Darstellung nahm Geller im Winter 1975 an einer Reihe geheimer Psychokinese-Tests in einem Labor in Livermore, Kalifornien, teil, wo Wissenschaftler an verbesserten Atomwaffen, Laser-Systemen und anderen aufkommenden Waffentechnologien arbeiteten. Nachdem die CIA ihre ESP-Forschung in den 1970er Jahren beendet hatte, wurde das Programm nach Fort Meade, Maryland, verlegt und von der Defense Intelligence Agency geleitet. Die Finanzierung des Remote Viewing-Programms wurde überwiegend von Kongress genehmigt und erstreckte sich über einen Großteil von zwei Jahrzehnten.

Während eines Treffens des Geheimdienstausschusses des Repräsentantenhauses im Jahr 1979 sagte der Abgeordnete Charlie Rose aus North Carolina über die psychische Forschung: "Es scheint mir ein verdammt billiges Radarsystem zu sein." Außerdem: "Wenn die Russen es haben und wir nicht, sind wir in großen Schwierigkeiten." Joseph McMoneagle, ein Veteran der Armee, war einer der bekanntesten Remote Viewer, die der geheimen Operation der Regierung halfen. McMoneagle, wie er später der Washington Post enthüllte, nahm zwischen 1978 und 1984 an rund 450 Missionen teil. Diese reichten von der Unterstützung der Armee bei der Lokalisierung von Geiseln im Iran bis zur Führung von CIA-Agenten zu einem Kurzwellenradio, das in einem Taschenrechner eines verdächtigten KGB-Agenten versteckt war und in Südafrika gefangen genommen wurde. Angela Dellafiora Ford, eine weitere Remote Viewerin, enthüllte kürzlich in der CBS News-Show "48 Hours", wie sie 1989 gebeten wurde, bei der Suche nach einem flüchtigen ehemaligen Zollbeamten zu helfen. Sie identifizierte seinen Aufenthaltsort korrekt als "Lowell, Wyoming", obwohl US-Zollbeamte ihn 100 Meilen westlich von Lovell, ebenfalls in Wyoming, festnahmen. Auch wenn in den 1980er Jahren Geschichten über die Studien der Regierung auftauchten, bestritt das Pentagon öffentlich, Geld für irgendeine Form von paranormalem Studium aufzuwenden. Die lang gerüchteweise Zusammenarbeit der US-Regierung mit Remote Viewing für militärische und nachrichtendienstliche Zwecke wurde 1995 offiziell bekannt gegeben, als die CIA einen Bericht veröffentlichte, der von den unabhängigen American Institutes for Research erstellt wurde. Die Untersuchung kam auch zu dem Schluss, dass Star Gate ein Misserfolg war, weil "es ungewiss bleibt, ob das Vorhandensein eines paranormalen Phänomens, des Remote Viewing, nachgewiesen wurde". Obwohl die Analysten einräumten, dass bei den erfolgreichen Experimenten "etwas jenseits von seltsamen statistischen Anomalien" vor sich ging, kamen sie letztendlich zu dem Schluss, dass die aus dem Remote Viewing gewonnenen Informationen zu "vage und unklar" waren, um "handlungsrelevantes Wissen" zu liefern. Nicht alle Regierungsbemühungen im Bereich paranormaler Aktivitäten wurden mit der Einstellung des Programms in diesem Jahr beendet.

Laut Jacobsen startete das Office of Naval Research im Jahr 2014 ein vierjähriges Programm (mit Kosten von etwa 3,85 Millionen US-Dollar), um die Verwendung von Vorahnung oder Intuition bei Matrosen und Marines zu untersuchen. Dies wird auch oft als "sechster Sinn" oder sogar als "Spidey-Sinn" bezeichnet, in Anlehnung an den Spinnenmann. Dr. Edwin May, der frühere Forschungsleiter von Star Gate, verteidigte auch nach der Einstellung des Programms weiterhin ESP als eine legitime Waffe für Militär- und Inlandsgeheimdienste. May behauptete 2015, dass sein ESP-Experiment mit Unterstützung der gemeinnützigen Bial Foundation "arguably das beste Experiment in der Geschichte der Disziplin" sei. Ob ESP tatsächlich im Spionagebereich eingesetzt wurde oder nicht, hat eine lange Geschichte der Beliebtheit bei gewöhnlichen Amerikanern. 73 Prozent der Amerikaner glaubten 2005 an paranormale Phänomene, wobei 41 Prozent der Befragten angaben, speziell an ESP zu glauben, laut einer Gallup-Studie.

Kapitel fünf
Facebook finanziert KI-Gedankenlesen

Facebook hat bekannt gegeben, dass es ein Gerät entwickelt hat, mit dem Benutzer allein mit ihren Gedanken tippen können. Dank ihrer Finanzierung konnten Forscher maschinelles Lernen einsetzen, um Hirnaktivitäten in Sprache umzuwandeln. Dies wurde erfolgreich bei Epilepsiepatienten angewendet, die zuvor eine Hirnstrommessung mittels Elektroden zur Bestimmung der Ursachen ihrer Anfälle vor einer Operation durchgeführt hatten. Das Ziel von Facebook ist es, ein "vollständig nicht-invasives, tragbares Gerät" zu schaffen, das 100 Wörter pro Minute verarbeiten kann. Forscher der University of California, San Francisco ließen ihre Patienten ihre Antworten auf eine Reihe von Multiple-Choice-Fragen laut vorlesen.

"Das bestätigt unsere Vermutung, dass Sprache nicht im luftleeren Raum entsteht und es einfacher sein wird, zu verstehen, was Menschen mit Sprachschwierigkeiten sagen möchten, wenn wir den größeren Zusammenhang berücksichtigen, in dem ihre Worte verwendet werden." Patienten, die aufgrund von Lähmung ihre Fähigkeit zu sprechen verloren haben, können derzeit nur sehr langsam Wörter buchstabieren, indem sie Restbewegungen der Augen oder Muskelzuckungen nutzen, um eine Computeroberfläche zu aktivieren. "Obwohl sie die Fähigkeit verloren haben, normal zu sprechen, haben sie möglicherweise trotzdem die kognitiven Prozesse, die für klares Sprechen erforderlich sind.

Sie haben bereits die Ideen; wir brauchen nur die Werkzeuge, um ihnen zu helfen, sie umzusetzen. David Moses, einer der Autoren der Studie, bemerkte: "Es ist wichtig zu beachten, dass wir dies mit einem sehr begrenzten Wortschatz gemacht haben. Wir beabsichtigen, die Flexibilität und Genauigkeit dessen, was wir aus Hirnaktivitäten übersetzen können, in zukünftigen Studien zu erweitern." Mit einem Wortschatz von 1.000 Wörtern und einer Fehlerrate von weniger als 17% streben die Forscher von Facebook eine Echtzeit-Entschlüsselungsgeschwindigkeit von 100 Wörtern pro Minute an, wie das Unternehmen in seinem Blog feststellte.

"Wir gehen davon aus, dass die Bemühungen von UCSF, Menschen mit Sprachverlust zu helfen, indem sie ein Konzept mithilfe implantierten Elektroden beweisen, uns dabei helfen werden, die Entschlüsselungsalgorithmen und technischen Spezifikationen für ein vollständig nicht-invasives, tragbares Gerät zu erstellen. Wir können uns weiterhin direkt in die Augen schauen, während wir gleichzeitig relevante Informationen abrufen und den Kontext unseres Gesprächs wiederherstellen, ohne den Faden zu verlieren." In der Zwischenzeit hat Elon Musks Neuralink einen Antrag bei den US-Behörden gestellt, um mit Tests an Menschen für sein eigenes Gehirn-Hacking-Gerät zu beginnen. Einige Experten auf dem Gebiet meinen, wir sollten innehalten und über die Auswirkungen dieser Art von Studie auf Ethik und Zukunft nachdenken.

Neuroethikerin Professorin Nita Farahany sagte dem MIT Review: "Für mich ist das Gehirn der einzige sichere Raum für Gedanken, Träume und Dissens." In naher Zukunft hoffen wir, gelähmten Personen zu helfen, indem wir ihre Hirnimpulse entschlüsseln, damit sie ihre Gedanken "sagen" können, ohne ihre Muskeln tatsächlich zu bewegen. Das könnte ein enormer Vorteil für die Gesellschaft sein und die Lebensqualität unzähliger Menschen verbessern. Lähmung betrifft heute schätzungsweise 5,4 Millionen Menschen in den Vereinigten Staaten.

Facebooks langfristige Vision geht jedoch weit darüber hinaus: Es möchte jedem ermöglichen, seine Computer und mobilen Geräte ausschließlich mit Gedanken zu steuern. Dies umfasst alles von Tastaturen bis hin zu Augmented Reality-Brillen. Dafür wird das Unternehmen Zugriff auf unsere mentalen Aufzeichnungen benötigen. Das wirft natürlich einige moralische Fragen auf.

Die Studie wird an der UC San Francisco mit Finanzierung von Facebook durchgeführt. Wissenschaftler dieser Institution haben kürzlich die Ergebnisse einer Studie in der Zeitschrift Nature Communications veröffentlicht. Sie behaupten, zum ersten Mal einen Algorithmus entwickelt zu haben, der neuronale Aktivitäten lesen und sie in Echtzeit in Text auf einem Bildschirm umwandeln kann.

Für ihre Untersuchung wurden drei menschliche Freiwillige mit Epilepsie verwendet. Vor ihrer Neurochirurgie zur Behandlung ihrer Anfälle wurden Elektroden chirurgisch auf der Oberfläche ihres Gehirns implantiert. Als Reaktion auf einfache Fragen (wie "Wie ist Ihr Zimmer gerade?") haben sie ihre Meinungen laut ausgetauscht. Das System konnte allein durch die Überwachung ihrer Hirnströme ihre Antworten mit einer Genauigkeit von bis zu 61% entschlüsseln.

Obwohl dies erstaunlich ist, versteht das Programm derzeit nur einen begrenzten Satz von Wörtern wie "kalt", "heiß" und "gut". Die Forscher hoffen, seinen Wortschatz im Laufe der Zeit zu erweitern. Facebook hingegen sucht nach einer nicht-invasiven Methode zur Sprachentzifferung. Obwohl schwieriger zu entwickeln, ist ein nicht-invasiver tragbarer Kopfhörer wünschenswert.

Während wir warten, ist es wichtig, über die moralischen Auswirkungen dieser Neurotechnologie auf die Gesellschaft nachzudenken. Schließlich ist Facebook nicht das einzige Unternehmen, das an Gehirn-Computer-Schnittstellen (BCIs) forscht. Unternehmen wie Kernel und Paradromics machen in diesem Bereich Fortschritte, zusammen mit zahlreichen akademischen Institutionen und dem US-Militär. Neuralink, eine Firma, die von Elon Musk gegründet wurde, arbeitet an flexiblen "Threads", die in das Gehirn implantiert werden können und es ermöglichen, elektronische Geräte wie Smartphones und Computer allein durch Gedanken zu steuern. Musk hat angekündigt, dass er bis Ende 2019 mit Tests an Menschen beginnen möchte.

Obwohl diese Neurotechnologien noch in den Anfängen stecken, ist es wichtig, offene und ehrliche Diskussionen über ihre potenziellen ethischen Konsequenzen zu führen. Sie stellen Grundrechte infrage, die wir vielleicht nicht einmal als solche erkennen, wie das Recht, in seinen Gedanken allein gelassen zu werden oder das Recht zu wissen, wann man und eine Maschine getrennte Wege gehen. Experten für Neuroethik wie Marcello Ienca haben argumentiert, dass wir möglicherweise neue rechtliche Schutzmaßnahmen benötigen, um potenzielle Gefahren durch technologische Fortschritte abzuwehren. Doch Gesetzgeber sind langsam, und wenn wir darauf warten, dass Geräte wie die von Facebook oder Neuralink auf den Markt kommen, könnte es bereits zu spät sein, neue Rechte für das Zeitalter der Neurotechnologie festzuschreiben.

Es ist schwer zu glauben, dass dies jetzt Realität ist, wenn man noch nie von BCIs gehört hat, aber es ist kein Roman von Neal Stephenson oder William Gibson. Diese Untersuchung findet tatsächlich statt. Und im Laufe des letzten Jahrzehnts hat die Technologie begonnen, einen echten Unterschied im täglichen Leben der Menschen zu machen.

Technologien, die Gehirn-Computer-Schnittstellen (BCIs) nutzen, können entweder neuronale Aktivitäten "lesen", um zu verstehen, was das Gehirn bereits sagt (manchmal mit Hilfe von KI-Verarbeitungssoftware) oder "schreiben", um dem Gehirn neue Eingaben zu geben, die seine Funktionsweise beeinflussen können. Die Entwicklung von Schnittstellen für das Lesen und Schreiben ist ein Ziel einiger Forscher.

Diese Technologie könnte aus verschiedenen Gründen attraktiv sein. Es gibt praktische, alltägliche Anwendungen, wie z.B. die Kommunikation für Gelähmte oder die Steuerung von Prothesen durch laut ausgesprochene Gedanken. Die ersten Erfolge in der Branche gehen auf das Jahr 2006 zurück, wie von The Verge berichtet wurde. Diese frühen Erfolge konzentrierten sich nicht auf Sprache, sondern auf Bewegung. Matthew Nagle war die erste Person, die ein Hirnimplantat erhielt, das es ihm ermöglichte, einen Computercursor zu steuern, nachdem er vom Hals abwärts gelähmt war. Laut einem Interview, das er 2006 der New York Times gab, konnte Nagle allein mit seiner Vorstellungskraft Pong spielen. In den folgenden Jahren haben Personen mit Behinderungen durch Hirnimplantate auch Objekte fokussiert und Roboterarme in Labors gesteuert. Die von Nagle und anderen genutzte Technologie heißt BrainGate und wurde an der Brown University entwickelt.

Sicherlich sind die Visionen einiger Futuristen noch abenteuerlicher. "Eine Symbiose mit künstlicher Intelligenz zu schaffen", wie Musk es ausdrückt, ist sein ultimatives Ziel. Sein Plan ist es, Technologie zu schaffen, die es uns ermöglicht, mit KI "zu verschmelzen", damit wir bei der Weiterentwicklung von KI-Systemen nicht "zurückgelassen" werden.

Die Notwendigkeit, Elektroden ins oder auf das Gehirn zu implantieren, um eine BCI zu nutzen, schränkt derzeit die Vermarktungsfähigkeit dieser Technologie stark ein. Facebook und andere Unternehmen suchen jedoch nach nicht-invasiven Ansätzen, wie z.B. einem System, das nahe-infrarotes Licht nutzt, um Veränderungen im zerebralen Blutfluss von außen zu erkennen.

G. ROMAN

Die ethischen Risiken der Gehirnlese-Technologie

Diese Technologie ist wegweisend und hat das Potenzial, uns mit ethischen Herausforderungen zu konfrontieren, über die wir noch gar nicht nachgedacht haben. Die Wissenschaftler, die an dem Facebook-Projekt arbeiten, sind sich bewusst, dass sie nicht alle ethischen Schwierigkeiten in Bezug auf diese Neurotechnologie alleine antizipieren oder lösen können.

Mark Chevillet, der für die Initiative verantwortlich ist, schreibt in einem Unternehmens-Blogbeitrag: "Was wir tun können, ist zu erkennen, wenn die Technologie über das hinausgeht, was die Menschen für möglich halten, und sicherstellen, dass diese Informationen an die Gemeinschaft weitergegeben werden." Wir sind offen über unsere Arbeit, damit Einzelpersonen ihre Bedenken zu dieser Technologie äußern können, und neuroethisches Design ist ein Eckpfeiler unseres Programms. Also gut, fangen wir mit den grundlegendsten Dingen an. In Bezug auf den persönlichen Datenschutz könnten unsere Gedanken die letzte Grenze darstellen. Sie speichern unsere einzigartige Persönlichkeit und private Ideen. Was ist unseres, wenn nicht die drei Pfund wertvolles Gehirnmasse, die unser Gehirn ausmachen?

Facebook betonte, dass keine gehirnbezogenen Daten im Zusammenhang mit der Studie die Universität verlassen würden. "Wir nehmen den Datenschutz sehr ernst", sagte Chevillet gegenüber

MIT Tech Review. Allerdings könnte die breite Öffentlichkeit Facebooks Behauptungen nach den zahlreichen Datenschutzskandalen, allen voran dem Cambridge-Analytica-Vorfall, skeptisch gegenüberstehen.

Da Facebook so gut darin ist, Ihre Gedanken zu lesen, sind weder Elektroden noch funktionelle Magnetresonanztomographie (fMRT) erforderlich. Roland Nadler, Neuroethiker an der University of British Columbia, sagte mir: "Sie wissen viel über Ihr kognitives Profil allein dadurch, wie Sie das Internet nutzen." Angesichts dessen mache ich mir Sorgen über Facebooks Beteiligung an dieser Studie. Die Möglichkeit, diese Daten mit Echtzeit-Gehirndaten zu kombinieren, könnte weitreichende Auswirkungen haben.

Wie würden wir uns fühlen, wenn Facebook beispielsweise Informationen über unsere Gedankenprozesse an Dritte zu Gunsten kommerzieller Interessen verkaufen würde? Vermarkter untersuchen derzeit die neurologischen Grundlagen von Verbraucherentscheidungen und entwickeln Strategien, um die endgültigen Käufe von Verbrauchern zu beeinflussen. Neuromarketing ist eine relativ neue Disziplin. Nadler äußerte jedoch Bedenken, dass ein Technologieunternehmen wie Facebook seine Expansion bis zu dem Punkt beschleunigen könnte, an dem es "das Kundenverhalten auf potenziell alarmierende Weise beeinflusst".

Ein Hauptproblem bei komplexeren algorithmischen Entscheidungssystemen ist, dass sie zu "Black Boxes" werden können. Deren Entscheidungsprozesse können so kompliziert werden, dass nicht einmal ihre Designer vollständig verstehen, wie sie funktionieren.

Wenn der Algorithmus des Facebook-Projekts dies tatsächlich tut, könnte das katastrophale Folgen haben. Wenn die

Maschine Ihre Idee fälschlicherweise als X decodiert und sich herausstellt, dass X extrem schlecht ist ("Ich beabsichtige, jemanden zu ermorden"), dann werden Sie Schwierigkeiten haben, Schadensersatz für den Ihnen durch dieses fehlerhaft erkannte Denken entstandenen Schaden zu erhalten, aufgrund des Mangels an Transparenz.

Nadler warnte davor, dass "es ein Risiko gibt, dass wir das, was der Computer sagt, als Evangelium betrachten", ohne zu bedenken, was passieren könnte, wenn die Maschine eine Fehlfunktion aufweist oder wie eine solche erkannt werden könnte. "Die fehlende Transparenz der Maschine ist wirklich besorgniserregend." Die breite Anwendung solcher Neurotechnologien birgt auch die zusätzliche Gefahr, eine Kultur des Gedankenlesens zu normalisieren, was zur unwissentlichen Aufgabe unserer lang gehegten Überzeugung von der Unverletzlichkeit unseres eigenen Geistes führen könnte.

Es könnte der Tag kommen, an dem unsere Innigkeit der Vergangenheit angehört, wenn die Technologie in der Lage ist, nicht nur die Gedanken zu transkribieren, die wir aus Bequemlichkeit niederschreiben wollen, sondern auch die Gedanken, die wir privat halten wollen. Alles, von sexuellen Wünschen bis zur politischen Missbilligung, könnte in diese Kategorie fallen.

"Überwachungs- und Bürgerrechtsbedenken sind der Kern meiner Bedenken hinsichtlich der Datensammlung durch Facebook", sagte Nadler. "Sie würden sich Sorgen darüber machen, wie Facebook bei der Etablierung eines Überwachungsstaates behilflich sein könnte" und dass die Fähigkeit, in das Gehirn einer Person zu spähen, die Polizeiarbeit revolutionieren würde.

Wenn Sie Schwierigkeiten haben, sich vorzustellen, wie ein von Facebook unterstütztes Projekt die sozialen Erwartungen hinsichtlich Überwachung und Strafverfolgung radikal verändern könnte, denken Sie an die Gesichtserkennungstechnologie. Vor Jahren führte Facebook diese Technologie in einem relativ harmlosen Rahmen ein: dem Markieren von Freunden auf hochgeladenen Bildern. Die Technologie wird jedoch jetzt routinemäßig für Polizei und Überwachung eingesetzt und richtet dabei ein unverhältnismäßiges Unrecht gegen Menschen mit anderer Hautfarbe an. Auch Apple, Amazon und Microsoft sind darin verwickelt. Die konzeptionellen Gefahren, die mit dem Verschwimmen der Grenze zwischen Geist und Maschine einhergehen, umfassen die Möglichkeit, dass wir uns von unserem eigenen Bewusstsein getrennt fühlen. Wenn Sie zunehmend eins mit einer Maschine werden, kann es leicht sein, den Überblick über Ihre individuelle Handlungsfähigkeit zu verlieren.

Dieses Problem wird durch die vorhersagende Natur einiger BCI-Algorithmen aufgeworfen, wie in einer kürzlich in Nature veröffentlichten Studie erwähnt: Diese Algorithmen sammeln Informationen über frühere Handlungen der Benutzer und geben Empfehlungen auf der Grundlage dieses Wissens ab. Wenn jedoch ein Algorithmus einem Benutzer regelmäßig seinen nächsten Satz oder seine nächste Handlung anbietet und der Benutzer diese Option nur billigt, wird die Urheberschaft einer Nachricht oder Handlung unklar. [Neuroethiker Philipp] Kellmeyer erklärt: "Irgendwann hat man es mit sehr seltsamen Szenarien des gemeinsamen oder hybriden Handelns zu tun." Der Algorithmus des Computers spielt eine Rolle bei der Entscheidung, aber der Benutzer hat auch etwas zu sagen.

Der Artikel erwähnt auch den Fall von Patient 6, einer epileptischen Frau, der ein BCI implantiert wurde, um sie vor dem

Beginn eines Anfalls zu warnen, damit sie vorbeugende Medikamente einnehmen kann. Schließlich verspürte sie eine extreme Einheit mit dem Gerät, bis sie erklärte: "Es wurde zu mir." Nachdem das Unternehmen, das das Gerät hergestellt hatte, in Konkurs gegangen war, musste es ihr entfernt werden. Es lagen Tränen in ihren Augen, als sie schluchzte: "Ich habe mich selbst verloren."

Ein weiterer epileptischer Patient, dem dasselbe Gerät ins Gehirn implantiert wurde, entwickelte Depressionen, weil er das Gefühl hatte, dass es ihm seine Freiheit genommen hat. Er erklärte, dass es ihn "das Gefühl gegeben hat, keine Kontrolle mehr zu haben."

Das Potenzial für negative Auswirkungen des Geräts bestand darin, dass es das Gefühl der Identität des Patienten in bedeutender Weise veränderte. Wenn Gehirn-Computer-Schnittstellen (BCIs) sich entwickeln, um menschliche Gedanken zu lesen und zu schreiben, könnten sie dasselbe erreichen. Das Fehlen jeglicher Art von Regulierung in diesem Bereich ist eine große Gefahr, so groß, dass man es als Meta-Risiko bezeichnen könnte, das alle anderen beeinflusst. Gesetzgeber und Politiker werden einige Zeit brauchen, um sich an die neuen Realitäten anzupassen, die die Gehirnlese-Technologie ermöglicht. Derzeit gibt es eine Regulierungslücke hinsichtlich der Art und Weise, wie Tech-Giganten unsere neuronalen Daten sammeln, speichern und daraus Profit schlagen, und sie sind frei, diese Lücke nach Belieben zu füllen.

Laut Nadler hat "Facebook bereits in Bezug auf bereits etablierte Vorschriften schnell und lax gespielt". Und es ist schwer vorstellbar, welche Art von regulatorischer Kontrolle mit einem Unternehmen von ihrer Größe wirklich erfolgreich sein könnte. Welchen Nutzen hätte eine Agentur? Sie genießen bereits eine gewisse Straffreiheit, da die Strafen zu gering sind, um einen Effekt zu haben.

G. ROMAN

Gedankenlesende Maschinenplanung

Für den CEO von Facebook ist ein Gedankenleser ein Muss. Während er mit den Übeln kämpft, die die Plattform verursacht hat, ist der Facebook-Chef damit beschäftigt, neue zu beschwören, wie seine Reflexionstour zeigt. Die jüngsten Kommentare von Mark Zuckerberg in Harvard sollten diejenigen von uns beunruhigen, die befürchten, dass Facebook ernsthafte Bedenken hinsichtlich der persönlichen Daten seiner Nutzer haben könnte.

Letzten Monat soll Zuckerberg die Universität im Rahmen einer jährlichen Diskussionsreihe mit Spezialisten über „die Chancen, Herausforderungen, Hoffnungen und Sorgen "besucht haben, die der technologische Fortschritt mit sich bringt. Vor Facebook-Kameras und einem Klassenzimmer voller Studenten sprach er über zwei Stunden lang mit dem Harvard-Rechtsprofessor Jonathan Zittrain über die einzigartige Rolle des Unternehmens als Marktplatz für potenziell zwei Milliarden Menschen. Nach Angaben des jungen CEO von Facebook wird das Unternehmen von allen Seiten angegriffen, wobei die Behauptungen von Gleichgültigkeit bis hin zu Vorwürfen der Sprachzensur reichen.

Zuckerberg gab zu, dass er die Bürde der Führung nicht aktiv angestrebt hatte. Niemand, sagte er, sollte das tun. Welche Befugnisse würde ich dem CEO des Unternehmens wünschen, wenn ich jemand anderes wäre? er fragte sich. Mir ist es nicht lieber, wenn ich mich bei so vielen inhaltlichen Entscheidungen auf eine Person verlassen muss.

Stattdessen informierte er Zittrain, dass Facebook sein eigenes Oberstes Gericht, ein unabhängiges Tribunal, gründen würde, das mit der Klärung umstrittener Fragen, die auf der Website auftauchen, betraut ist. Es sei glücklich, dass er keine Entscheidung treffen könne, die gegen das geht, was sie sagen, sagte er.

Alles lief wie erwartet. Zuckerbergs Bescheidenheit in Bezug auf sich selbst und Facebook war erfrischend. Dann erklärte er seine größten Hoffnungen für die Zukunft, und die typische Arroganz des Silicon Valley war wieder in voller Kraft. Er sagte, dass es bei Facebook dieses aufkommende Forschungsfeld einer Gehirn-Computer-Schnittstelle gebe.

Wie kürzlich von Kevin Kelly auf diesen Seiten dargelegt, hat die neurogetriebene Version der Welt das Potenzial, den Benutzern zu ermöglichen, intuitiv durch die erweiterte Realität zu navigieren, nur mit ihren Gedanken. Es ist kein Tippen oder sogar Sprechen erforderlich, um sich mit digitalen Überlagerungen der physischen Welt zu beschäftigen, wie Wegbeschreibungen auf der Autobahn, kurze Biographien von Konferenzteilnehmern oder bewegliche 3D-Darstellungen von Möbeln.

Angesichts der Überraschung in den Gesichtern seines Harvard-Publikums machte Zittrain einen Jura-Professor-Witz über das Recht auf Privatsphäre angesichts eines Geräts, das die Gedanken belauschen kann. Das Publikum lachte über seine Aussage, dass "die Auswirkungen des Fünften Zusatzartikels überwältigend sind". Die Standardantwort großer Technologieunternehmen auf Vorwürfe, sie würden die Privatsphäre ihrer Kunden verletzen, war nicht nur die Kritik abzuweisen, sondern darauf zu bestehen, dass sie die Erlaubnis ihrer Kunden dazu hätten. Zuckerberg spekulierte, dass "vermutlich" die Menschen das Produkt nutzen würden.

Kurz gesagt, er würde sich von nichts von seinem Ziel abbringen lassen, die Weltbevölkerung zusammenzubringen, zum Vergnügen und zum finanziellen Gewinn. Nicht von der dystopischen Vision von Polizisten mit Gehirnsonden. Keine Entschuldigung würde ausreichen. "Ich habe keine Ahnung, wie wir auf dieses Thema gekommen sind", scherzte er. "Aber ich denke auch, dass eine kurze Diskussion über aufkommende Technologien und Forschung von Interesse wäre." Natürlich verfolgt Facebook bereits Ihren Standort mit dem GPS Ihres Smartphones und es verfolgt auch Ihre Online-Aktivität mit Hilfe von Cookies in Ihrem Browser. Werden wir wirklich Facebook in unsere knarrenden alten Gehirne lassen, nur damit unsere Pizzas schneller und mit mehr Belägen geliefert werden? Zweifellos setzt Zuckerberg darauf.

Fairerweise: Facebook hat nicht vor, physisch unseren Kopf zu besetzen. Zuckerberg erklärte Zittrain, warum ein chirurgisches Implantat nicht skalierbar wäre: Wenn man etwas schaffen möchte, das viele Menschen nutzen werden, sollte man sich darauf konzentrieren, es so unauffällig wie möglich zu gestalten.

Zur Unterstützung der von Oculus VR, einer Tochtergesellschaft von Facebook, produzierten Virtual-Reality-Brillen oder -Headsets beschrieb Zuckerberg ein Gerät, das einem Duschhauben ähnelt, das ein Gehirn umgibt und Korrelationen zwischen spezifischen Gedanken und spezifischen Blutflüssen oder Gehirnaktivitäten erkennt. Nach Zuckerbergs Angaben können Wissenschaftler bereits anhand ihrer Gehirnaktivität feststellen, ob eine Person eine Giraffe oder einen Elefanten visualisiert. Die Anwendung der gleichen Techniken auf das mentale Tippen könnte ähnliche Ergebnisse erbringen.

Wie viele der Durchbrüche von Facebook sieht Zuckerberg nicht, wie die BCI die Integrität eines Einzelnen verletzt oder was

Louis Brandeis berühmt als "das Recht, in seinen Gedanken in Ruhe gelassen zu werden", bezeichnete, sondern sieht eine Technologie, die den Einzelnen stärkt. Er erklärte Zittrain, dass die gegenwärtige Struktur von Smartphones und anderen Computersystemen, die auf Apps und Aufgaben basiert, nicht mit der Art und Weise kompatibel ist, wie Menschen denken und handeln. Aus diesem Grund sagt der Autor: "Ich bin wirklich extrem begeistert auf lange Sicht über Dinge wie erweiterte Realität, weil sie uns eine Plattform bieten wird, die ich glaube, ist tatsächlich, wie wir über alles nachdenken."

Kelly sieht in seinem Aufsatz über erweiterte Realität ähnlich eine Welt vor, die mit einer "intelligenten" Version, die auf die alltägliche überlagert wird, besser Sinn macht. In diesem parallelen Universum schreibt er, "werden Uhren Stühle erkennen", "Stühle werden Tabellenkalkulationen erkennen", "Brillen werden Uhren erkennen, auch unter einem Ärmel", "Tablets werden die Innereien einer Turbine sehen" und "Turbine werden Arbeiter um sich herum bemerken." Sofort werden die natürlichen und künstlichen Komponenten unserer Umgebung als ein nahtloses System zusammenarbeiten. Außer den Menschen, die ihre Gefühle und Gedanken in sich behalten müssen. Zumindest bis sie alle mit BCI-verstärkten Brillen ausstatten. Als Facebook seine Studie im Jahr 2017 vorstellte, skizzierte Zuckerberg die potenziellen Vorteile der Technologie wie folgt: "Jede Sekunde erzeugen unsere Gehirne genug Informationen, um vier vollständige High-Definition-Filme abzuspielen. Leider hat die Sprache, unser wirksamstes Mittel der globalen Kommunikation, die Datenübertragungskapazität eines Modems aus den 1980er Jahren. Wir entwickeln eine Technologie, die es Ihnen ermöglichen wird, auf Ihr Unterbewusstsein zuzugreifen und etwa fünfmal so schnell zu tippen, wie Sie es jetzt auf einer Smartphone-Tastatur können. Wir hoffen, es eines Tages der Öffentlichkeit als massenproduziertes tragbares Gerät zur Verfügung stellen zu können. Die Fähigkeit, mit dem Gehirn "Ja" oder "Nein" zu klicken, wird die Authentizität von Erfahrungen wie der erweiterten Realität erheblich verbessern.

Gedankenlesen-Technologie ist ein Sicherheitsrisiko

So sicher die Technologie auch sein mag, die digitale Speicherung unserer geistigen Prozesse macht sie den gleichen Bedrohungen aus wie jede andere Art von Informationen. Es gibt bereits verfügbare Technologien, die die Umwandlung menschlicher Emotionen in digitale Form ermöglichen, die dann mit anderen geteilt werden können. Viele große Technologieunternehmen wie Facebook arbeiten daran, den Einsatz von Gehirn-Computer-Schnittstellen (BCIs) zu etablieren, die es Menschen ermöglichen, unsere Gedanken für bestimmte Aufgaben mit Computern zu verbinden. Diejenigen von Ihnen, die sich Sorgen darüber machen, dass Ihre Gedanken über den Chef, Ihre tiefsten Sorgen oder irgendetwas anderes aufgezeichnet und über Technologie geteilt werden könnten, können tief durchatmen und sich beruhigen. Zumindest im Moment. BCIs sind noch nicht fortschrittlich genug, um Daten dieser Genauigkeit zu erfassen. Vor allem können sie Informationen über Menschen erhalten, indem sie die beabsichtigten Handlungen und die empfundenen Gefühle verfolgen. Es besteht das Potenzial für eine verbesserte Genauigkeit des Gedankenlesens in der Zukunft, wenn sich sowohl maschinelles Lernen als auch BCI-Hardware weiterentwickeln. Derzeit gibt es invasive und nicht-invasive Methoden, um das menschliche Gehirn mit externen Computersystemen zu verbinden. EEG, die gleiche Technologie, die von Neurologen zur Entschlüsselung der elektrischen Impulse des Gehirns zur Diagnose von Epilepsie verwendet wird, wird in nicht-invasiven Systemen häufig eingesetzt, um neuronale Signale über die Kopfhaut abzulesen. Methoden wie die transkranielle Magnetstimulation werden bereits von medizinischen Fachkräften eingesetzt und können von nicht-invasiven Technologien verwendet werden, um Informationen zurück ins Gehirn zu übertragen. Invasive Systeme verwenden Elektroden, um direkt mit dem Gehirn in Kontakt zu treten, um Menschen mit Lähmungen die Kontrolle über Prothesen wie Roboterarme zu ermöglichen oder Menschen mit Hör- oder Sehbeeinträchtigungen einen Teil ihrer verlorenen Sinne zurückzugeben. Offensichtlich bestehen bei invasiven Systemen unmittelbare Gefahren: Eine Operation birgt immer Risiken, und die Risiken nehmen zu, wenn es um die empfindliche Struktur des Gehirns geht. Warum sollte man sich also angesichts dieser Vorbehalte für ein aufdringliches System anstelle eines nicht-invasiven Systems entscheiden, warum Elektronik in das Gehirn selbst implantieren? Wie immer gibt es Kosten und Nutzen zu beachten. Invasive Technologien eliminieren Ablenkungen und vereinfachen das Verständnis der neuronalen Aktivität. Zum Beispiel wird EEG von nicht-invasiven Systemen zur Messung der Gehirnaktivität verwendet. Hierfür müssen jedoch Millionen von Neuronen gleichzeitig aktiv sein, um ein stark genuges elektrisches Feld zu erzeugen, das von außerhalb des Kopfes erkannt werden kann. Es handelt sich jedoch um eine recht einfache Methode. "Es ist, als würde man versuchen, das Spiel zu verstehen, indem man das Brüllen der Menge von außerhalb des Stadions hört. Sie können einen Überblick über die wichtigsten Ereignisse bekommen, aber detaillierte Informationen sind schwieriger zu bekommen", sagt Professor für Computertechnik und Elektronik an der University of Essex, Ian Daly. Aufgrund der intimen Verbindung, die durch ein invasives System hergestellt wird, liefert selbst ein Signal von hundert Neuronen ausreichende Informationen über den kognitiven Prozess des Netzwerks. Zum Beispiel konnte der querschnittsgelähmte Ian Burkhart nach der Implantation eines Neurosleeve und einer Software von Battelle, einem BCI-Unternehmen in den USA, zusammen mit dem Utah Array, einen Teil seiner Armfunktion wiederherstellen. Burkhart hat sich darauf trainiert, das Battelle-System zu nutzen und kann es nun mit nur wenigen zehn Neuronen bedienen, die normalerweise erforderlich sind, um eine Armbewegung zu denken und auszuführen. "Im menschlichen Gehirn gibt es insgesamt 98 Milliarden Neuronen, davon 1,2 Milliarden im motorischen Kortex, die die willkürliche Muskelbewegung steuern. Aus einer Stichprobengröße von weniger als hundert ", so Battelle-Seniorforscher Gaurav Sharma. Bisher konzentrierten sich die meisten Anwendungen invasiver Systeme darauf, die Gliedmaßenfunktion bei Menschen mit Lähmungen wiederherzustellen. Für diese Patienten könnten die erhöhten Risiken solcher Systeme durch die potenziellen Vorteile gerechtfertigt sein. Daher werden nicht-invasive BCIs in naher und mittlerer Zukunft wahrscheinlich die Norm für Consumer-Technologie-Anwendungen sein. Obwohl nicht-invasive Systeme in Bezug auf Genauigkeit immer noch hinter ihren invasiven Gegenstücken zurückbleiben, eröffnen sich aufregende neue technische Möglichkeiten, die es den Forschern in naher Zukunft ermöglichen könnten, erhebliche Fortschritte in diese Richtung zu machen. Zum Beispiel helfen Entwicklungen im maschinellen Lernen den Wissenschaftlern dabei, Signale von Störungen zu unterscheiden, was vielversprechend für die Zuverlässigkeit nicht-invasiver Technologien ist. BCI-Systeme entwickeln sich ständig weiter dank Aktualisierungen sowohl in der Hardware als auch in der Software. Neue Scan-Methoden wie fokussierter Ultraschall und transkranielle Gleichstromstimulation könnten eine alternative Methode zur Entschlüsselung der Gehirnaktivität bieten.

Es gibt jedoch viele, die argumentieren, dass bereits vorhandene nicht-invasive Technologien die gleichen Fähigkeiten zum Lesen des Gehirns bieten können wie invasive Geräte, zumindest in Bezug auf die Bewegungskontrolle. CTRL Labs, ein in New York ansässiges Unternehmen, verwendet die Elektromyographie (EMG), um die elektrische Aktivität in Skelettmuskeln abzulesen und so die Nervenfunktion in den Gliedmaßen und anderswo zu bewerten. Die von CTRL Labs hergestellten Handgelenkbänder werden verwendet, um die Aktionspotenziale von Muskelneuronen aufzuzeichnen und zu simulieren. Das System von CTRL Labs erkennt Handbewegungen und interpretiert ihre Merkmale wie Richtung, Intensität und Art. Facebook hat das Unternehmen in diesem Monat gekauft. Der Leiter der Forschung und Entwicklung bei CTRL Labs, Adam Berenzweig, sagte gegenüber ZDNet in diesem Monat: "Wir sind der Meinung, dass man, wenn es darum geht, Kontrolle zu erlangen, alle Signale, die man braucht, erhalten und sie einfacher durch nicht-invasive Techniken erfassen kann." Berenzweig erklärt, dass im Kortex alle Milliarden von Neuronen im Gehirn stören und Rauschen erzeugen, aber das gewünschte Signal auf der Oberfläche des EMG verfügbar ist, wenn es gut genug gemacht wird. Wenn Sie also nur Bewegungssignale aus dem Gehirn aufnehmen möchten, könnten nicht-invasive Technologien bei den meisten Menschen funktionieren. Nicht-invasive Systeme werden voraussichtlich eine weit verbreitete Akzeptanz bei Verbrauchern finden, aber invasive Systeme werden weiterhin von Personen eingesetzt, die am meisten von BCIs profitieren, wie z. B. Menschen mit Rückenmarksverletzungen oder neurologischen Erkrankungen wie Parkinson. Da die meisten Menschen bemerken würden, wenn ein Fremder unerwartet ihren Kopf berührt, insbesondere mit einem Satz von Elektroden, ist es unwahrscheinlich und sehr offensichtlich, dass Signale aus dem Gehirn über die Kopfhaut abgelesen werden können, was es sehr unwahrscheinlich und sehr offensichtlich macht, dass jemand unbefugt die Gedanken am Ursprung liest. Es wäre viel zu einfach, jeden Versuch des Gedankenlesens zu entdecken, der am Ursprung stattfindet. Dennoch ist die Sicherheit der Daten genau so gewährleistet wie bei jeder anderen Sammlung von Informationen, sobald sie von BCI erfasst und an andere Software weitergeleitet wurde. Die Vielzahl von Datenverstößen, die in letzter Zeit aufgetreten sind, zeigt, dass keine Daten, einschließlich sensibler Informationen, vollständig sicher sind. Es ist schon schlimm genug zu erfahren, dass ein Datenverstoß Ihre persönlichen Informationen offengelegt hat, aber zu denken, dass jemand in der Lage gewesen wäre, in Ihre innersten Gedanken und Gefühle einzudringen? Die Möglichkeit allein ist unerträglich.

Kapitel sechs

US-Militär versucht Gedankenlesen

Gehirn-Computer-Schnittstellen stehen im Mittelpunkt eines neuen Forschungsprogramms der DARPA mit dem Potenzial, "Schwärme von Drohnen mit der Geschwindigkeit des Denkens" zu steuern. Wenn es funktioniert, was dann? In einem fensterlosen Kellerlabor der Carnegie Mellon University im August verwendeten drei Doktoranden einen improvisierten 3D-Druckerrahmen, um eine Mäusehirnscheibe elektrisch zu schocken.

Der Hippocampus-Bereich des Gehirns sah aus wie dünn geschnittener Knoblauch. Er war auf einem Podest in der Mitte der Maschine platziert. Die Scheibe wurde durch einen dünnen Schlauch in Salz, Glukose und Aminosäuren eingetaucht. Dadurch blieb sie sozusagen am Leben; die Neuronen in der Scheibe feuerten weiter, so dass die Forscher Informationen sammeln konnten. Die elektrischen Impulse wurden von einem Array von Elektroden unterhalb der Scheibe verabreicht, und die Reaktion der Neuronen wurde mit einer metallischen Sonde, die einer Spritze ähnelte, ausgewertet. Die Schale wurde von einer Vielzahl von hellen LED-Lichtern beleuchtet. In der Sprache der Laborratten war der Aufbau "bastlerisch".

Reiz und Reaktion wurden auf einem Bildschirm neben der Vorrichtung angezeigt, wobei Stromstöße von den Elektroden gefolgt wurden von der Aktivität der Neuronen Millisekunden später. Später planten sie, den Mäuse-Hippocampus durch den simulierten Schädel zu stimulieren, der aus einem Material mit den gleichen elektrischen und optischen Eigenschaften wie ein menschlicher Schädel besteht und zwischen der Scheibe und den Elektroden platziert wird.

Dies wurde gemacht, um Signale aus dem Gehirn zu erkennen und zu manipulieren, ohne physisch auf das Gehirn selbst zugreifen zu müssen. Ihr langfristiges Ziel ist es, nicht-invasive Gehirn-Computer-Schnittstellen zu schaffen, ähnlich einem Helm oder Stirnband, die sowohl präzise als auch empfindlich sind.

Die durchschnittliche Dicke eines menschlichen Schädels beträgt weniger als ein Zentimeter, allerdings variiert dies stark von Person zu Person und von Region zu Region. Sie dienen als eine Art Filter, der Wellenformen ausbreitet und die Intensität von Dingen wie Elektrizität, Licht und Ton dämpft. Viele Gehirnzellen, sogenannte Neuronen, sind nur wenige tausendstel Millimeter groß und erzeugen elektrische Impulse, die nur etwa ein Zehntel Volt stark sind.

Das Ziel des Experiments der Studenten war es, Daten zu sammeln, anhand derer der Chef-Ermittler des Teams, Pulkit Grover, die Wirksamkeit einer neuen Technik bewerten konnte, an der sie arbeiten, um sie zu perfektionieren.

Grover fügt hinzu: "Zu diesem Zeitpunkt ist so etwas nicht erreichbar, und es ist ziemlich herausfordernd, es zu erreichen." Er ist einer der Co-Leiter einer von sechs Gruppen, die im Rahmen des von der DARPA mit 104 Millionen US-Dollar finanzierten Programms Next-Generation Nonsurgical Neurotechnology (N3) arbeiten. Grovers Gruppe arbeitet mit elektrischen und ultraschallbasierten Signalen, während andere Gruppen optische und magnetische Methoden einsetzen. Jede dieser Strategien kann weitreichende Konsequenzen haben, wenn sie umgesetzt wird.

Die Operation ist teuer, und die Operation zur Herstellung einer neuen Art von Superkrieger ist moralisch fragwürdig. Die potenziellen Anwendungen einer Gedankenlesetechnologie, die keine Operation erfordert, sind enorm. Gehirn-Computer-Schnittstellen (BCIs) wurden eingesetzt, um Menschen mit Querschnittslähmung die teilweise Wiedererlangung der Bewegungskontrolle zu ermöglichen und kriegsversehrten Amputierten die Kontrolle über Prothesen zu geben. Das N3-Programm ist der erste bedeutende Versuch des US-Militärs, eine BCI für den Einsatz im Kampf zu entwickeln. "Wenn es darum geht, mit Drohnen und Schwärmen von Drohnen zu arbeiten, die mit der Geschwindigkeit des Denkens anstelle von mechanischer Ausrüstung arbeiten, sind diese Geräte tatsächlich dafür gedacht", erklärt Al Emondi, Direktor von N3.

Der Begriff "Gehirn-Computer-Schnittstelle", geprägt in den frühen 1970er Jahren vom Informatiker Jacques J. Vidal an der UCLA, ist ähnlich wie "Künstliche Intelligenz" insofern, als sich seine Bedeutung mit den fortschreitenden Möglichkeiten verändert, die er repräsentiert. Wenn Elektroden auf die Kopfhaut gelegt werden, um die elektrische Aktivität des Gehirns zu erfassen, wird die Elektroenzephalographie (EEG) manchmal als erste Schnittstelle zwischen Mensch und Computer betrachtet. In den späten 1990er Jahren gelang es Wissenschaftlern an der Case Western Reserve University, mit Hilfe der Elektroenzephalographie (EEG) die Gehirnwellen eines Querschnittsgelähmten zu entschlüsseln und ihm die Kontrolle über einen Computerzeiger zu ermöglichen, indem ein Draht seinen Kopf mit einem Computer verband.

Seitdem haben wir große Fortschritte gemacht, das Gehirn sowohl invasiv als auch nicht-invasiv zu lesen. Es wurden auch Geräte entwickelt, die elektrische Signale an das Gehirn senden, um neurologische Erkrankungen wie Epilepsie zu behandeln. Ein Utah-Array ist eines der fortschrittlichsten Mechanismen, die je entwickelt wurden. Es ähnelt einem winzigen Stachelbett, das nicht größer ist als ein kleiner Finger, und das eine bestimmte Gehirnregion erreichen kann.

2010 sprang Ian Burkhart, während er die Outer Banks in North Carolina besuchte, ins Wasser und schlug mit dem Kopf auf einen Sandboden. Er verletzte sein Rückenmark und kann seine Beine oder Arme unterhalb des sechsten Halsnervs nicht mehr bewegen. Er hatte eine gewisse Bewegungsfreiheit in Schultern und Ellenbogen, aber keine Kontrolle über seine Hände oder Füße. Sein Fortschritt in der Physiotherapie war minimal. Er erkundigte sich bei seinem medizinischen Team am Wexner Medical Center der Ohio State University, ob weitere Behandlungen möglich seien. Es stellte sich heraus, dass Wexner in Zusammenarbeit mit der gemeinnützigen Forschungsorganisation Battelle Forschungen durchführen wollte, um festzustellen, ob sie ein Utah-Array verwenden könnten, um die Gliedmaßen eines gelähmten Menschen wieder zum Leben zu erwecken.

Im Vergleich zu EEG, das die kollektive Aktivität Tausender Neuronen zeigt, ist das Utah-Array in der Lage, die Impulse einer deutlich kleineren Anzahl von Neuronen oder sogar eines einzelnen Neurons aufzuzeichnen. 2014 wurde bei Burkhart ein Utah-Array in sein Gehirn implantiert. Das Array überwachte das elektromagnetische Feld in seinem motorischen Kortex mit einer Rate von 30.000 Mal pro Sekunde an 96 Standorten. Burkhart besuchte fast ein Jahr lang mehrmals pro Woche das Battelle-Labor, während die Forscher dort Signalverarbeitungsalgorithmen beibrachten, um seine Absichten aufzuzeichnen, während er mühsam und methodisch darüber nachdachte, wie er seine Hand bewegen würde, wenn er es könnte.

Die vom Utah-Array erfassten Impulse wurden über ein langes Kabel, das aus dem Schädel von Burkhart ragte, an einen Computer übertragen. Der Computer interpretierte sie und sandte Impulse an einen Ärmel mit Elektroden, der den Großteil seines rechten Unterarms bedeckte. Der Ärmel stimulierte seine Muskeln und ermöglichte es ihm, die geplanten Aktionen auszuführen, wie zum Beispiel das Aufnehmen und Abstellen einer Flasche oder das Herausnehmen und Zurücklegen einer Kreditkarte.

Burkhart war einer der ersten Menschen, der erfolgreich eine "neuronale Umleitung" durchlief, um die willkürliche Muskelkontrolle wiederzugewinnen. Nun arbeitet ein weiteres N3-Team, Battelle, mit ihm zusammen, um zu sehen, ob sie die gleichen Ergebnisse erzielen können, ohne etwas in seinen Schädel einzusetzen. Dies erfordert Innovationen sowohl in der Hardware als auch in der Software, um die verschlüsselten, schwachen Signale zu entschlüsseln, die außerhalb des Schädels aufgefangen werden können. Aus diesem Grund leitet Grover, ein ausgebildeter Elektroingenieur und kein Neurowissenschaftler, das N3-Team der Carnegie Mellon Universität. Nach kurzer Zeit an der Carnegie Mellon wurde Grover von einem Freund überredet, klinische Sitzungen für Menschen mit Epilepsie am University of Pittsburgh Medical Center zu besuchen. Er überlegte, dass EEG mehr über das Gehirn aussagen könnte, als bisher angenommen wurde, und dass es möglich sein könnte, die Gehirnfunktion durch die strategische Anwendung externer Signale zu beeinflussen. Basierend auf Grovers allgemeinem Gefühl veröffentlichte einige Jahre später eine Gruppe von Forschern am Center for Neurobiological Engineering des MIT unter der Leitung von Edward Boyden eine bemerkenswerte Studie.

Boydens Team applizierte elektrische Signale mit leicht unterschiedlichen Frequenzen auf die Kopfhaut. Diese hatten weniger Einfluss auf Neuronen, die näher an der Peripherie des Gehirns lagen, und mehr Einfluss auf solche, die weiter innen waren. Mit Hilfe eines Prozesses namens konstruktive Interferenz erzeugten ihre kombinierten Energien ein Signal mit niedrigerer Frequenz, das wiederum neuronale Aktivität auslöste.

Grover und sein Team arbeiten derzeit daran, Boydens Ergebnisse mit Hunderten von Elektroden, die auf die Oberfläche des Schädels platziert werden, auszuweiten, um sowohl kleine Bereiche im Inneren des Gehirns präzise anzusteuern als auch das Signal zu "lenken", damit es von einer Gehirnregion zur anderen wechseln kann, während die Elektroden an Ort und Stelle bleiben. Laut Grover handelt es sich dabei nicht um eine Hypothese, auf die Neurowissenschaftler gekommen wären.

Eine andere N3-Gruppe, die am Applied Physics Laboratory (APL) der Johns Hopkins University ansässig ist, geht einen völlig anderen Weg und konzentriert sich auf infrarotes Licht.

Die aktuelle Theorie besagt, dass Neuronen durch das Aussenden elektrischer Signale das umgebende Gehirngewebe zum Ausdehnen und Schrumpfen bringen. Neurologen verwenden EEG, das Utah-Array und andere Methoden, um diese Signale aufzuzeichnen. Dave Blodgett von APL glaubt, dass die Ausdehnung und Kontraktion von Gewebe ein ebenso gutes Signal für neuronale Aktivität ist, und er plant den Bau eines optischen Systems, um diese Veränderungen zu überwachen.

Bisher waren andere Methoden nicht in der Lage, solche feinen Körperbewegungen aufzuzeichnen. Das Team von Blodgett konnte jedoch die Gehirnaktivität der Schnurrhaare einer Maus beobachten. Wenn ein Schnurrhaar bewegt wurde, erfasste Blodgetts optische Messmethode die Aktivität der entsprechenden Neuronen zehn Millisekunden später. (Eine Sekunde entspricht tausend Millisekunden, und eine Millisekunde entspricht tausend Mikrosekunden.) Noch schneller als ein Utah-Array oder andere elektrische Methoden hat sein Team neuronale Aktivität in freiliegendem Hirngewebe in weniger als 10 Mikrosekunden aufgezeichnet.

Die nächste schwierige Aufgabe besteht darin, all dies durch den Schädel hindurch zu realisieren. Da menschliche Schädel nicht dafür ausgelegt sind, Licht durchzulassen, mag dies zunächst unwahrscheinlich erscheinen. Während herkömmliche Lichtquellen keine Knochen durchdringen können, kann dies mit nahinfrarotem Licht geschehen. Das von Blodgett geleitete Team schießt schwach leistungsstarke Infrarotlaser durch den Schädel und misst das gestreute Licht. Er hofft, dass sie auf diese Weise die Art der neuronalen Aktivität ableiten können. Obwohl es weniger Beweise für diese Methode gibt als für die Verwendung elektrischer Signale, gedeihen DARPA-Projekte gerade auf genau diese Art von Risiken.

Gaurav Sharma, zurück bei Battelle, arbeitet an einem Nanopartikel, das die schützende Barriere des Gehirns durchdringen kann. Dies wird von der DARPA als minimal-invasive Methode angesehen. Der nanopartikel enthält einen magnetisch empfindlichen Kern, der von einer Schale aus einem Material umgeben ist, das mechanischen Stress in elektrischen Strom umwandelt. Wenn diese Nanopartikel in ein Magnetfeld gebracht werden, übt der innere Kern Kraft auf die Schale aus, wodurch ein winziger Strom fließt. Sharma behauptet, dass ein Magnetfeld viel effektiver als Licht durch den Schädel sehen kann. Neben der Fähigkeit, die magnetischen Felder auf spezifische Gehirnregionen mit einer Vielzahl von Spulen zu lenken, kann der Prozess umgekehrt werden, indem elektrische Ströme in magnetische Felder zur Signalauswertung umgewandelt werden.

Es ist noch unklar, welche dieser Strategien sich als wirksam erweisen wird. Mehrere andere N3-Gruppen haben Methoden zur Übertragung und Empfang von Gehirnsignalen entwickelt, indem sie Licht-, Elektro-, Magnet- und Ultraschallwellen kombinieren. Die Wissenschaft ist zweifellos faszinierend. Die Begeisterung kann jedoch darüber hinwegtäuschen, dass das Pentagon und Unternehmen wie Facebook, die ebenfalls an BCIs arbeiten, nicht darauf vorbereitet sind, die zahlreichen ethischen, rechtlichen und sozialen Fragen zu beantworten, die sich bei einer nicht-invasiven BCI stellen. Was würde mit der Art des Krieges geschehen, wenn menschliche Gehirne direkt Schwärme von Drohnen kontrollieren würden? Laut N3-Leiter Emondi werden neurale Schnittstellen dort eingesetzt, wo sie am nützlichsten sind. Aber militärische Notwendigkeit kann unterschiedlich interpretiert werden.

G. ROMAN

Nicht-chirurgische Neurotechnologie

So sicher die Technologie auch sein mag, die Speicherung unserer mentalen Prozesse in digitaler Form eröffnet ihnen die gleichen Bedrohungen wie jeder andere Informationsbereich. Es gibt bereits verfügbare Technologien, die die Umwandlung menschlicher Emotionen in digitale Form erleichtern, die dann mit anderen geteilt werden kann. Viele große Technologieunternehmen wie Facebook arbeiten daran, den Einsatz von Brain-Computer-Schnittstellen (BCIs) zu etablieren, die es Menschen ermöglichen, unsere Gedanken mit Computern für bestimmte Aufgaben zu verbinden. Diejenigen von Ihnen, die sich Sorgen machen, dass Ihre Gedanken über den Chef, Ihre tiefsten Bedenken oder sonstige Dinge über Technologie aufgezeichnet und geteilt werden, können tief durchatmen und sich beruhigen.

Warum Wissenschaftler und das Militär Gedankenleser-Headsets entwickeln. Wenn alles nach Plan verläuft, wird im Jahr 2023 etwas wirklich Außergewöhnliches im Texas Medical Center stattfinden. Zwei mental verbundene Patienten werden in der Lage sein, miteinander zu kommunizieren, ohne dass dazu gesprochene, geschriebene oder elektronische Mittel erforderlich sind.

Und wenn das nicht schon kühn genug wäre, werden sie das ohne jegliche Art von chirurgischem Eingriff schaffen. Das Pentagon widmet erhebliche Ressourcen der Erforschung der Kommunikation von Gehirn zu Gehirn und von Gehirn zu

Computer, da es diese Verbindungen als entscheidend ansieht, um den modernen Soldaten zu stärken.

Die Studie des medizinischen Zentrums ist Teil einer landesweiten Anstrengung, die von Forschern an der Rice University geleitete staatlich finanzierte Initiative Next-Generation Non-Surgical Neurotechnology (N3) zu unterstützen. Die Forschungs- und Entwicklungsagentur des US-Verteidigungsministeriums wird 18 Millionen US-Dollar in das von Rice geleitete Projekt investieren.

Eine der Hauptherausforderungen für Personen, die diese Art der Kommunikation verbessern möchten, wird in dieser Studie behandelt. Einerseits haben wir bereits die notwendigen Werkzeuge, um Populationen von Neuronen im Gehirn mit elektronischen Geräten zu verbinden, was ein großer Fortschritt in der Erforschung und Behandlung neurologischer Störungen ist. Solche Geräte erfordern jedoch oft einen chirurgischen Eingriff und gelten daher als zu invasiv für den Einsatz bei Personen, die keine Unfälle oder Krankheiten erlitten haben, wie gesunde Soldaten. Obwohl bereits nicht-invasive Neurotechnologien existieren, sind sie noch nicht von ausreichender Qualität für den weit verbreiteten klinischen Einsatz. Daher bemühen sich Wissenschaftler darum, dem Militär das Beste aus beiden Welten zu bieten, indem sie nicht-invasive Methoden zur Schaffung einer hochwertigen Verbindung zwischen dem Gehirn und einem Computer oder zwischen dem Gehirn und dem Gehirn einer anderen Person entwickeln. Sechs separate Forschungsgruppen aus verschiedenen Teilen des Landes arbeiten mit Unterstützung der Defense Advanced Research Projects Agency (DARPA), die modernste militärische Technologien entwickelt, an diesem Problem. Wenn sie sich als wirksam erweisen, könnten die Techniken in vielerlei Hinsicht eingesetzt werden. Soldaten könnten beispielsweise mit nichts anderem als ihren Gedanken eine einzelne UAV oder eine Flotte davon steuern.

Laut Al Emondi, Ph.D., dem Programmmanager von N3, werden neurale Schnittstellen dort eingesetzt, wo sie am nützlichsten sind, ähnlich wie Soldaten vor einer Mission Schutz- und taktische Ausrüstung anlegen und dann nach Abschluss der Mission das Gerät beiseite legen könnten.

Patienten könnten schon bald Zugang zu Behandlungen haben, die bisher ohne chirurgischen Eingriff für unmöglich gehalten wurden, wie beispielsweise die Wiederherstellung des Sehvermögens bei Blinden und die Wiederherstellung der Bewegungsfähigkeit bei schwer behinderten Menschen. Wenn ein Patient aufgrund eines Problems des Auges oder des Ohrs sein Seh- oder Hörvermögen verliert, aber die zugrunde liegende Gehirnregion, die diese Signale empfängt, noch gesund ist, könnte diese Technologie nützlich sein.

Jacob Robinson, Ph.D., außerordentlicher Professor an der Brown School of Engineering an der Rice University und Leiter des Forschungsteams, sagte: "Es könnte Menschen geben, die von einer visuellen Prothese profitieren würden, aber immer noch unwohl bei dem Gedanken an eine Gehirnoperation sind."

Neurotechnologie hat nicht nur das Potenzial, militärische Operationen zu unterstützen, sondern auch Patienten zu behandeln, die sich einer Gehirnoperation nicht gerne unterziehen möchten.

MOANA ist eine von Rice geleitete Initiative, an der 15 Co-Ermittler von Rice, dem Baylor College of Medicine, dem Jan and Dan Duncan Neurological Research Institute am Texas Children's Hospital, der Duke University, der Columbia University und dem John B. Pierce Laboratory an der Yale University beteiligt sind. Ziel des Projekts ist es, eine Verbindung zwischen Gehirn und Maschine herzustellen, indem Patienten eine einzigartige Kappe tragen, die mit Lasern, optischen Detektoren und Magnetfeldgeneratoren ausgestattet ist.

Das Ziel von Robinsons Team besteht darin, zu zeigen, dass Licht verwendet werden kann, um die zelluläre Aktivität im Gehirn zu bewerten, und dass Magnetfelder verwendet werden können, um die zelluläre Aktivität im Gehirn zu steuern, ohne dass ein invasiver chirurgischer Eingriff erforderlich ist. Die Gruppe muss auch zeigen, dass dies schnell geschehen kann, mit der Geschwindigkeit des Gedankens.

"Unser Ziel ist es, Informationen von den einzelnen Zellen zu erhalten, die möglicherweise hundertmal pro Sekunde kommuniziert werden", fügte Robinson hinzu. Er erwähnte auch, dass die Daten "verwaschen" und unlesbar würden, wenn die Geschwindigkeit niedriger wäre.

Allerdings muss das Gehirn für die Funktionsfähigkeit der Kappe vorbereitet sein. Genomeditierende virale Vektoren werden bestimmten Gehirnregionen verabreicht. Diese Vektoren ändern mithilfe der Tatsache, dass bestimmte Wellenlängen des Lichts den Schädel durchdringen können, wie aktivierten Neuronen auf Licht reagieren. Wenn dies möglich ist, könnte die Kappe "Gedanken" lesen. Während dies geschieht, würden Neuronen "umgeschaltet", um auf magnetische Aktivitäten mit Feuer zu antworten und somit "in das Gehirn zu schreiben".

Zu Beginn werden Wissenschaftler diese Technologie an Affen und Ratten testen. Hier kommt Science-Fiction ins Spiel.

"Was wir erreichen möchten", erklärte Robinson, "ist die Fähigkeit, die sensorische Wahrnehmung eines Tieres an ein anderes Tier zu übertragen." Eine Maus könnte einem akustischen oder visuellen Reiz ausgesetzt sein, und die "verbundene" Maus würde genauso reagieren, als hätte sie dasselbe erlebt.

Das langfristige Ziel des Teams ist es, dieses Verfahren innerhalb von vier Jahren auch bei Menschen anzuwenden. Der Prozess würde damit beginnen, dass das Team ein Bild, wie zum Beispiel ein Auto oder ein Haus, erstellt und es durch die Kappe an das Gehirn einer blinden Person senden möchte. Anschließend könnte die Person eine detaillierte Beschreibung dessen abgeben, was sie "gesehen" hat. Die Gruppe würde dann prüfen, ob die blinde Person etwas visualisieren und es an den Computer übermitteln könnte, damit die Wissenschaftler es untersuchen können. Der ultimative Test würde prüfen, ob Menschen mit Sehbeeinträchtigungen die mentalen Vorstellungen der anderen "sehen" könnten. Die Forscher konzentrieren sich auf Blinde, weil sie das Verfahren an einer Patientenpopulation testen möchten, die davon profitieren könnte. Letztendlich könnten diese Patienten über Kameras angeschlossen werden, um "zu sehen", ohne sich einer Gehirnoperation unterziehen zu müssen. Michael Beauchamp, Ph.D., Professor und stellvertretender Leiter der Grundlagenforschung an der Abteilung für Neurochirurgie am Baylor, sagte, die Zusammenarbeit mit blinden Patienten biete eine große Chance, Gehirn-Computer-Schnittstellen zu erforschen.

"Menschen", fügte er hinzu, "sind im Grunde genommen visuelle Tiere." Die Sehfunktion nimmt einen großen Teil des Gehirns ein. Die visuelle Hirnrinde [des Gehirns] ist eine offensichtliche Wahl für eine solche Schnittstelle.

Ein separates Projekt beinhaltet Beauchamp und Mitarbeiter von Baylor, zusammen mit Forschern von der University of California, Los Angeles, und einem Unternehmen namens Second Sight. Diese Gruppe hat eine Brille entwickelt, die mit einer Videokamera ausgestattet ist und Bilder an einen winzigen Computerchip im Gehirn von Blinden sendet. Die Auflösung ist minimal (ca. 60 Pixel), aber für einfache Aufgaben ausreichend.

Paul Phillips, der die Technologie seit über einem Jahrzehnt als legal Blinder nutzt, behauptet, dass sie ihm nicht geholfen habe, sein Sehvermögen wiederzuerlangen. Er kann jedoch jetzt zwischen Tag und Nacht unterscheiden. Selbst wenn er nicht in seinem Haus ist, weiß er genau, wo sein weißes Sofa ist und kann zwischen dem Bürgersteig und dem Gras unterscheiden. Das Fehlen von Farben zu sehen ist ein Nachteil der Ausrüstung, obwohl er in letzter Zeit das Licht und die Bewegung von Feuerwerken bemerkt hat.

Die Verbesserung der Bildqualität ist etwas, an dem Wissenschaftler kontinuierlich arbeiten. Patienten wie Phillips könnten eines Tages "sehen", ohne sich einer invasiven Gehirnoperation unterziehen zu müssen, dank der im Rahmen der DARPA-Initiative entwickelten Technologie.

Die Forscher an Baylor arbeiten zweimal pro Woche mit Phillips zusammen, um zu bewerten, wie gut seine brillenmontierte Kamera mit seinem Gehirn verbunden ist und wie gut er Muster von Licht auf einem Monitor "sieht". Sie können auch die Kamera deaktivieren und Elektroden in sein Gehirn einsetzen, um ihn dazu zu bringen, sich bewegende Lichtmuster zu "sehen". William Bosking, Ph.D., Assistenzprofessor für Neurochirurgie an der Baylor University, erklärte: "Im Wesentlichen versuchen wir, das visuelle Kortex von Paul zu nutzen." Bosking sagt, es sei, als versuche man, die Handschrift einer Person zu lesen, indem man die Kontur eines Buchstabens auf ihrer Handfläche nachzeichnet. Phillips beschreibt das Ereignis im Gegensatz dazu als "sehr beeindruckend", besonders nachdem er so lange im Dunkeln war.

Mit dieser Methode erstellen sie eine Karte des visuellen Kortex im Gehirn und gewinnen Erkenntnisse darüber, wie die Stimulation dieser Elektroden dazu führt, dass das Gehirn Licht und Linien interpretiert. Auch wenn diese Forschung nichts mit MOANA zu tun hat, könnten die Erkenntnisse über den visuellen Kortex Auswirkungen auf MOANA haben. Die Möglichkeiten sind grenzenlos.

Die Versprechungen der drahtlosen Gehirn-zu-Computer-Technologie scheinen grenzenlos zu sein. Wir müssen nicht darauf warten, dass jemand die Muskeln in seinem Mund bewegt, um zu beschreiben, was er sieht, und wir müssen ihn auch nicht dazu bringen, die Muskeln in seinem Finger zu bewegen, um aufzuschreiben, was er sieht, wie Robinson es ausdrückte. Patienten mit dieser Bedingung könnten möglicherweise schneller als bisher über mentale Mittel miteinander kommunizieren. Wenn sich diese Technologie bewährt, könnte es eines Tages schneller sein, mit Gedanken zu sprechen oder ein Auto zu fahren als mit der Stimme, einer Tastatur oder einem Lenkrad und Joystick.

Die Vorstellung, drahtlos auf die Gehirne von Menschen zugreifen zu können, mag für einige beunruhigend sein, gibt Robinson zu. Er ist jedoch bestrebt, darauf hinzuweisen, dass Neuroethiker in seinem Team sind, um jeglichen Missbrauch der Methoden zu verhindern. Ihm ist wichtig, dass niemand denkt, er arbeite an einer Möglichkeit, den Geist eines Patienten auszuspionieren.

Es ist entscheidend, zu erkennen, dass die [Bilder und Geräusche], die wir zu entschlüsseln versuchen, auf ganz andere Weise verarbeitet werden als zum Beispiel Ihr Bewusstseinsstrom oder private Gedanken, betonte er. Ziel ist es, dass der Benutzer jederzeit die Kontrolle über sein eigenes Gerät behält.

Erschreckende Gedankenlesegeräte

In seinem dystopischen Roman "1984" aus dem Jahr 1949 stellt sich George Orwell eine beängstigende Zukunft vor, in der die "Gedankenpolizei" des Superstaats Ozeanien Bürger auf "Gedankenverbrechen" oder unerwünschte Ideen überwacht. Hier sind wir im 21. Jahrhundert, in dem Technologien entstehen, die Gedanken von Menschen lesen können und das Schreckgespenst der "Gedankenpolizei" zur Realität werden lassen.

In China, wo die Gedanken von Arbeitnehmern am Arbeitsplatz nicht privat sind, ist bereits eine "emotionale Überwachungstechnologie" aufgetaucht, die sehr stark an George Orwells "Gedankenpolizei" erinnert. Diese Überwachung erfordert den Einsatz von drahtlosen Sensoren, die in Sicherheitshelmen oder -kappen der Arbeiter installiert sind.

Diese Sensoren überwachen den mentalen Zustand der Mitarbeiter und übertragen Daten über ihre Gehirnwellen an Computer, auf denen Künstliche Intelligenz negative Gefühle erkennen kann. Wenn das System den mentalen Zustand eines Mitarbeiters als abnorm erachtet, kann das Management verlangen, dass der Arbeiter eine Auszeit nimmt oder ihm eine weniger wichtige Aufgabe zuweisen. Um den Wettbewerbsfähigkeit des chinesischen Fertigungssektors zu steigern und soziale Stabilität zu gewährleisten, hat China diese Technologie in bisher beispiellosem Ausmaß in Fabriken, öffentlichen Verkehrsmitteln, staatlichen Unternehmen und dem Militär implementiert.

Die Entwicklung der Gedankenlese-Technologie mag fantastisch klingen, steht aber kurz davor, Realität zu werden. Moderne Neuroimaging-Technologien wie die funktionelle Magnetresonanztomographie (fMRI), das Elektroenzephalogramm (EEG) und maschinelles Lernen haben in jüngster Zeit dazu beigetragen, Gedanken im menschlichen Gehirn nicht-invasiv zu identifizieren. Wenn wir kein Recht entwickeln, um Menschen vor dem Diebstahl, der Ausbeutung oder dem Hacken ihrer geistigen Informationen zu schützen, laufen wir Gefahr, in einer Orwell'schen Zukunft zu leben, in der wir uns vorsichtig überlegen müssen, was wir denken, aus Angst vor Bestrafung für sogenannte Gedankenverbrechen.

Neuere Entwicklungen in der Elektroenzephalographie (EEG) haben zur Entwicklung von Geräten wie dem Neuroheadset von Emotiv geführt, einem 300-Dollar-Spielzeug, das die Gehirnwellen eines Benutzers erkennt und es ihnen ermöglicht, ein Videospiel ausschließlich durch Gedanken zu steuern. Das ist beeindruckend! Im Jahr 2012 zeigten Wissenschaftler von Oxford, der UC Berkeley und der Universität Genf, dass Angreifer private Informationen von Menschen abrufen konnten, die solche EEG-Kopfhörer benutzten. Sie zeigten den Teilnehmern Bilder von Dingen wie PIN-Pads für Geldautomaten, EC-Karten und Kalendern. In den Bildern waren Fragen wie "Was ist Ihre PIN?" und "Wann sind Sie geboren?" eingebettet. Die Ergebnisse waren verblüffend: Durch Überwachung der Gehirnwellen, die von diesen 300-Dollar-Kopfhörern abgeleitet wurden, konnten die Forscher die PIN-Nummer einer Person 30% der Zeit und ihren Geburtsmonat 60% der Zeit korrekt vorhersagen.

Wenn wir in eine Zukunft vorausschauen, in der Menschen das Internet mit der Kraft ihrer Gedanken durchsuchen, könnten Hacker Spyware in ihre Gehirne über das Internet installieren und sensible Informationen aus ihren Gehirnwellen stehlen. Informationen wie die sexuelle Orientierung einer Person, politische Einstellungen und ihre PIN für Geldautomaten könnten von Hackern erlangt werden. Ehrlich gesagt ist die Idee gar nicht so abwegig. Die Polizei könnte die Technologie missbrauchen, und Regierungen könnten Bürger beschuldigen, "Gedankenverbrechen" zu begehen, wenn sie anti-regierungsfeindliche oder rechtswidrige Ideen auch nur in Betracht ziehen. Das "soziale Kreditsystem", das China eingeführt hat, ist ein Schritt in diese gefährlich nahe Orwell'sche Dystopie.

Ist es nicht ein Verstoß gegen die Privatsphäre, wenn die Regierung Gedanken von Menschen aus Sicherheitsgründen ausspionieren kann? Moderne KI hat die Fähigkeit, unsere Gehirnwellen zu entschlüsseln, während wir unseren Tag zum Beispiel an einem Flughafen verbringen. Es gibt eine Möglichkeit, gefährliche Gedanken wie Bomben oder Waffen in den Köpfen der Menschen zu erkennen und die Sicherheit zu benachrichtigen. Das Department of Homeland Security hat sein Programm "Future Attribute Screening Technology (FAST)" getestet, das einem Vorverbrechensdetektor ähnelt, der Gedanken lesen kann, um "das Gefühl" und Personen mit feindlicher Absicht zu erkennen, wie z.B. einen terroristischen Angriff zu begehen. FAST Technology verwendet verdeckte Sensoren, die eine Bedrohung aus bis zu 50 Metern Entfernung sofort erkennen können, indem sie charakteristische Anzeichen wie beschleunigter Herzschlag, Gehirnwellenmuster und Augenbewegung erkennen.

Die Defense Advanced Research Projects Agency (DARPA), das Forschungsarm des Pentagon, hofft, ein Gerät namens "Silent Talk" zu entwickeln, das es Soldaten ermöglichen wird, auf drahtlose Radios, Funkgeräte und PDAs im Kampf zu verzichten und stattdessen Gedankenlesen zu verwenden. Es ist geplant, dass diese

Analyse der neuralen Signale "Benutzer-zu-Benutzer-Kommunikation auf dem Schlachtfeld ohne gesprochene Sprache" ermöglicht. Außerdem hofft man, Ferngläser zum Gedankenlesen zu entwickeln, die Soldaten vorwarnen, bevor ihr Bewusstsein nachzieht.

Arnav Kapur, ein Doktorand am Massachusetts Institute of Technology (MIT) in den USA, hat ein Headset erfunden, das die Gesichtsausdrücke des Trägers lesen und seine Gedanken in Echtzeit mit Hilfe von "künstlichen Intelligenz-Algorithmen" in Text übersetzen kann. Die Forscher benötigten nur 15 Minuten Anpassung und Training, um die Transkriptionsgenauigkeit auf 92% zu verbessern. Erstaunlicherweise liest diese Technologie nur die Nervenimpulse im Gesicht, die vom Gehirn gesendet werden.

Forscher an der University of California, San Francisco haben ein Gerät zur Gedankenlesung entwickelt. Dafür werden Elektroden implantiert, um die Aktivität in der Hörrinde aufzuzeichnen, und die Daten werden dann mit Hilfe von Rechenverfahren analysiert. Dank Forschungen an der Carnegie Mellon University können Gehirnscans jetzt gelesen werden, und sogar der nächste Satz im Gedankenprozess einer Person kann vorhergesagt werden.

Auch Facebook entwickelt eine Gedankenlese-Technologie, die es den Nutzern ermöglichen soll, ausschließlich durch Gedanken zu kommunizieren. Eine Reihe von Microsoft-Patenten deckt die Verwendung von neuronaler Aktivität ab, um die Einstellungen eines Computers zu ändern oder verschiedene Programme zu aktivieren. Wenn zum Beispiel die Gehirnaktivität des Zuhörers darauf hindeutet, dass die Musik zu laut ist, wird das System automatisch die Lautstärke senken.

Forscher an der School of Medicine der University of Pittsburgh haben Affen beigebracht, mit Hilfe von Gehirnimpulsen einen Roboterarm zu kontrollieren und sich selbst Obst und Marshmallows zu füttern, selbst wenn ihre Hände auf dem Rücken gefesselt sind. Die University of Toronto in Scarborough hat eine Methode entwickelt, um das Aussehen von Personen anhand von Gehirnwellen zu rekonstruieren, die den Versuchspersonen präsentiert wurden. Das Rekonstruieren von Gesichtern allein aus dem Gedächtnis hat große Auswirkungen auf die Forensik. Die University of Kyoto in Japan und die Purdue University in den USA nutzen fMRI-Scans und künstliche Intelligenz, um Bilder aus der Gehirndurchblutung zu rekonstruieren.

Das Unternehmen Neurable hat ein Virtual-Reality-Spiel namens "Awakening" entwickelt, das es Spielern ermöglicht, Gegenstände allein durch Gedanken aufzuheben und zu werfen. Looxid Labs, ein Start-up im Accelerator-Programm HTC's Vive X, entwickelt eine mobile Virtual-Reality-Headgear mit integrierter Emotionserkennungstechnologie. Nissan präsentierte auf der Geneva Motor Show 2018 das Konzeptfahrzeug IMx KURO, das mit einem EEG-Headset ausgestattet ist, das die Gehirnwellen des Fahrers scannt und das Fahrzeug entsprechend dem mentalen Zustand des Fahrers steuert. Wenn das Auto beispielsweise weiß, dass der Fahrer bald bremsen wird, wird es sofort langsamer, lange bevor der Fahrer Anzeichen dafür gibt, dass er dies beabsichtigt.

Forscher der University of California, Berkeley (USA), haben erfolgreich Erinnerungen bei Nagetieren erschaffen, gelöscht und reaktiviert. Wissenschaftler erwägen bereits, dieselbe Strategie auf menschliche Probanden anzuwenden. Die Auswirkungen dieser Erkenntnisse könnten für Strafverfolgungsbehörden und Militärpersonal mit posttraumatischer Belastungsstörung (PTBS) erheblich sein. Forscher haben auch ein algorithmusbasiertes BCI-

Müdigkeitserkennungssystem entwickelt, das anhand der Theta- und Alpha-Rhythmuswerte in den EEG-Signalen Schläfrigkeit bei einem Fahrer erkennen kann. Zwei Forscher der Washington State University haben nicht nur telepathische Kommunikation demonstriert, sondern auch die Fähigkeit gezeigt, die motorischen Muskeln einer Person über das Internet aus der Ferne zu stimulieren, so dass diese Person die körperlichen Bewegungen des Empfängers freiwillig mit ihren Gedanken kontrollieren kann.

Patienten im Koma oder im vegetativen Zustand, die sich nicht verbal oder durch motorische Handlungen mitteilen können, können dennoch mithilfe von Hirnscan-Technologien auf Bewusstsein hin untersucht werden. Ein Experte stellt Fragen und schließt aus dem Hirnscan-Bild, welche Antwort gegeben wird und welche Teile des Gehirns aktiv sind. Dadurch könnte die Strafverfolgung den Todesbettzeugnis einer Person im Koma aufzeichnen, Patienten im wachen vegetativen Zustand verhören oder sogar Patienten im vegetativen Zustand vor Gericht aussagen lassen, was alles zur Bestimmung ihrer medizinischen Präferenzen beitragen würde. Strafverfolgungs- und medizinische Fachkräfte könnten von dieser Technologie stark profitieren.

Die Fähigkeit, Gedanken zu lesen, unterstützt von künstlicher Intelligenz, könnte unser Leben bequemer, produktiver und sogar unterhaltsamer machen. Mit Hilfe von Gedankenlese-Software könnte alles richtig und automatisch erledigt werden. Die Lautstärke von Lichtern und Geräuschen könnte je nach aktuellem mentalen Zustand des Benutzers angepasst werden. Ein Anwendungsbereich wäre das Strafrecht. Aber Selbstbelastung ist nach dem Beweisgesetz illegal. Wenn jedoch keine Hirnscans bei Verdächtigen durchgeführt werden, können Unschuldige ihren Fall nicht beweisen. Da ich bereits zweimal die Brain Fingerprinting-

Technologie in diesem Forum erwähnt habe, werde ich darauf vorerst nicht näher eingehen.

Die Gedankenlese-Technologie kann jedoch von Kriminellen missbraucht werden. Die University of Washington hat Forschungen veröffentlicht, die zeigen, wie Kriminelle Gehirn-Computer-Schnittstellen nutzen können, um die Gedanken von Menschen zu lesen und schädliche Bilder in Apps einzuführen. Wie andere medizinische Implantate wie Herzschrittmacher und Insulinpumpen werden auch Neuroprothetik-Anwendungen anfällig für Hacking-Versuche sein, die ihre Kommunikations- und Steuerungsprotokolle angreifen. Wenn zum Beispiel ein Angreifer die Elektroden eines tiefen Hirnstimulators, der bei einer Person mit Parkinson-Krankheit implantiert ist, trennen würde, hätte die Person extreme Zitteranfälle und Krampfanfälle. Heutzutage können Benutzer Videospiele spielen, Drohnen fliegen lassen und IoT-Geräte allein mit ihren Gedanken steuern. Was hindert Hacker daran, aus der Ferne die Kontrolle über den Geist einer Person zu übernehmen?

Die Anwendungen einer solchen Technologie wären vielfältig. Eine direkte Datenübertragung über das Internet auf der ganzen Welt könnte eines Tages dank eines "cloud-basierten Gehirn-zu-Gehirn-Interface-Servers" möglich sein. Abgesehen von den Fragen der Privatsphäre, Sicherheit und neuronaler Rechte, die durch ein solches globales Gehirn-Netzwerk aufgeworfen würden, könnte es auch Aufschluss darüber geben, wie individuelle Bewusstseine trotz der Begrenzungen des menschlichen Schädels kollektiv funktionieren könnten, außerhalb der normalen Reichweite menschlicher Erfahrungen. Wenn das der Fall ist, könnte diese Technologie uns zu der "Einheit" führen, von der die Schriften seit langem predigen? Wird es der Menschheit helfen zu verstehen, dass alle Geister in Form der universellen Kraft miteinander verbunden sind? Gedankenlesen gibt es schon lange in Indien. Kapitel 3 der "Patanjali Yoga Sutras" diskutiert Gedankenlesen (cetopariyana). Durch yogische Meditation waren die alten Inder in der Lage, diese außergewöhnliche Fähigkeit zu entwickeln.

KI-gesteuerter Gedankenleser weiß, worauf du schaust.

Bereiten Sie Ihre Aluminiumhüte vor, denn ein russisches Unternehmen arbeitet an einem mit künstlicher Intelligenz betriebenen Gedankenlesegerät, das aufgrund von Gehirnwellenbildern sozusagen ein Bild davon zusammenstellen kann, worauf eine Person schaut. Obwohl es sich noch in den Anfängen befindet und nur klassifizieren kann, worauf eine Person schaut, glauben die Entwickler der Technologie, dass sie eines Tages genauso effektiv sein wird wie Elon Musks implantiertes Neuralink.

Das russische Unternehmen Neurobotics und das Moskauer Institut für Physik und Technologie sind für das Gedankenlesegerät verantwortlich, das im Fachmagazin bioRxiv vorgestellt wurde. Die Schöpfer des Geräts veröffentlichen ihre Ergebnisse, in denen sie betonten, dass ihr Ziel darin besteht, Schlaganfallpatienten dabei zu helfen, ihre Gedanken zur Steuerung von Rehabilitationsgeräten zu nutzen.

Laut einer Pressemitteilung des Massachusetts Institute of Technology (MIT) verwendet das Gerät neuronale Netze, um anhand von Elektroenzephalographie (EEG)-Daten, die von einer mit Elektroden ausgestatteten Kappe gesammelt werden, zu bestimmen, worauf Personen schauen. Elektroenzephalogramme (EEGs) verwenden Elektroden, um die elektrische Aktivität im Gehirn zu bewerten, und eine Möglichkeit dazu besteht darin, neuronale Oszillationen, die manchmal als "Gehirnwellen" bezeichnet werden, zu erfassen.

Wie üblich steckt der Teufel im Detail, und es ist nicht sicher, ob dieses Gerät lediglich eine digitale Reproduktion dessen erstellt, worauf der Benutzer schaut. Stattdessen scheint eine Kombination aus zwei neuronalen Netzen die Klasse zu bestimmen, zu der ein Objekt gehört. Ein neuronales Netz ist darauf trainiert, Gehirnwellen in "Rauschen" umzuwandeln, die Menschen erzeugen, während sie sich bestimmte Kategorien von Bildern anschauen, während ein anderes Netz darauf trainiert ist, das Rauschen in verständliche visuelle Informationen umzuwandeln.

Dennoch hat das neuronale Netz, das EEG-Gehirnwellenmessungen in Rauschen umwandelt, eine geringe Auflösung und kann nur die Arten von Objekten klassifizieren, die betrachtet werden. (Die Forscher wollten die Anzahl der Kategorien erweitern, aber in dieser Studie verwendeten sie Kategorien wie "Formen", "Menschengesichter", "bewegliche Mechanismen", "Motorsport" und "Wasserfälle".) Ein zusätzliches neuronales Netz scheint dann die Kategorie in Betracht zu ziehen, wenn es das Rauschen in ein verwendbares Bild umwandelt.

Die neuronalen Netze rekonstruieren in Echtzeit Bilder von dem, worauf eine Person schaut, aber sie wissen bereits, dass die Bilder in eine begrenzte Anzahl von Kategorien fallen werden, was den neuronalen Netzen viel zu tun gibt. Diese Methode des Gedankenlesens wurde mit dem Bowling mit Banden verglichen.

Kapitel Sieben
Intels Gedankenlesender Computer Thought-Control.

Die Technologie hinter gedankenkontrollierten Geräten steckt noch in den Kinderschuhen. Obwohl Organisationen wie Honda und die US-Armee daran forschen, haben die Ergebnisse bisher wenig über ein avantgardistisches Musikstück in Prag hinausgelangt. Junge Forscher bei Intel glauben, dass Computer bald in der Lage sein werden, die Gehirnaktivität einer Person zu lesen und in tatsächliche Sprache zu übersetzen. Konzeptionell bedeutet dies, dass die typische Reaktion einer Person auf bestimmte Wörter erfasst und in einer Datenbank gespeichert werden kann, wo sie mit der Reaktion von jemandem verglichen werden kann, der die Gedankensteuerungsschnittstelle nutzt. Die frühe Version hat vielversprechende Ergebnisse gezeigt; sie verwendet einen Magnetresonanzscanner, um über 20.000 Stellen im Gehirn zu untersuchen und den Unterschied zwischen Wörtern wie "Schraubenzieher", "Zuhause" und "Scheune" festzustellen. Alles Weitere, wie das Diktieren von Briefen oder das Suchen in Google allein mit dem Kopf, ist wahrscheinlich noch Jahre entfernt, aber wenn es soweit ist, können wir mit einem Anstieg an unflätigen Liveblogs rechnen.

Erinnern Sie sich an die coolen Gadgets, die Gedanken manipulieren können? Tatsächlich gehen Intels Ambitionen für Gedankenkontrolle weit über den Rahmen ihrer aktuellen

Möglichkeiten hinaus. Die Experten des Unternehmens möchten bis 2023 gehirn-computer-schnittstellenfähige Chips bereitstellen. Nun zum beängstigenden Teil: Anstatt Sie eine Schädelhaube tragen zu lassen, damit sie Ihre Gehirnwellen lesen können, wie der berühmte Science-Fiction-Autor Arthur C. Clarke vorgeschlagen hat, plant Intel, winzige Chips direkt in Ihr Gehirn einzusetzen, um Ihre Gehirnwellen zu lesen. Der Begriff "Intel Inside" bekommt angesichts dessen eine neue Bedeutung, oder nicht?

Die Technologie ist effektiv, weil sie die Muster entschlüsseln kann, die Ihr Verstand erzeugt, während Sie über ein interessantes Thema nachdenken. Intels Team hat funktionale Magnetresonanz-Scans verwendet, um zu untersuchen, wie das Gehirn realer Menschen auf verschiedene Reize reagiert, ähnlich wie das IBM-Team, das an simulierter Hirntechnologie arbeitet. Daher hofft Intel, ein Gerät entwickeln zu können, das Gehirnwellen lesen kann, indem es die Tatsache nutzt, dass die Gehirnmuster von Menschen tendenziell ähnlich aussehen, wenn sie den gleichen Reizen ausgesetzt sind.

Obwohl die Technologie noch in den Kinderschuhen steckt, ist Intel zuversichtlich, dass sie letztendlich erfolgreich sein wird und dass Benutzer die Implantate herstellen lassen wollen, sobald sie deren Vorteile erkennen. Die Motivation von Intel für diesen Schritt ist jedoch eher vage. Das Team behauptet, dass die Art und Weise, wie wir Technologie heute nutzen, immer problematischer wird, da immer mehr Menschen und immer komplexere Systeme immer komplexere Daten erzeugen. Deshalb versucht Microsoft beispielsweise, Project Natal zu mehr als nur einer Gaming-Controller-Schnittstelle zu machen, indem es sie mit Ihrem Fernseher kompatibel macht. Intels Forschung liegt offensichtlich weit in der Zukunft, wenn nicht sogar mehrere Generationen entfernt. Auch Kampfpiloten würden von der Fähigkeit profitieren, ihre Flugzeuge nur mit ihren Gedanken zu steuern.

G. ROMAN

Apps zum Gedankenlesen

Das in Ottawa ansässige Unternehmen Personal Neuro Devices hat diese Woche eine App im Google Play Store vorgestellt, die behauptet, den Benutzern mithilfe ihrer Smartphones zu einer tieferen Meditationsebene zu verhelfen. Als Ergänzung zu ihren Anleitungen kann Transcend mithilfe einer Bluetooth-Verbindung zwischen dem Telefon und einem MindWave Mobile Brain Control Interface (BCI)-Headset von NeuroSky Ihre Gehirnwellen analysieren, um festzustellen, wie nahe Sie dem Nirvana sind. Transcend kann Ihr Elektroenzephalogramm (EEG)-Muster abbilden und hilfreiches Feedback geben. Doch Personal Neuro Devices versucht nicht nur, Smartphone-Besitzern bei der Selbstvergessenheit zu helfen; das Unternehmen möchte auch am aufstrebenden BCI-Markt teilhaben, der laut einigen Analysten bis 2020 ein Volumen von 6 Milliarden US-Dollar erreichen wird. Das in Ottawa ansässige Unternehmen bietet auch Gehirnlese-Apps an, die Mädchen dazu ermutigen, sich auf ihre Konzentration zu konzentrieren, und stellt sich eine Zukunft vor, in der EEG-Scans im Personalwesen und Marketing eingesetzt werden. Gegründet wurde das Unternehmen von Steve Denison, einem Serienunternehmer und Doktor der EEG-Wissenschaft. In einem Telefongespräch sagte er: "Ich habe persönlich die Phase der Marktentwicklung vier oder fünf Mal durchgemacht, immer Software, immer IT." "In der Regel wird sich ein Markt festigen, und man bekommt den Eindruck, dass eine umfassende Lösung in Reichweite ist", sagt ein Experte.

Er verweist auf eine Umfrage von Sharp Brains, einem Marktforschungsunternehmen, die vorhersagt, dass das Geschäft mit der digitalen Gehirngesundheit von 2012 bis 2020 von 1 Milliarde auf 6 Milliarden US-Dollar wachsen wird. Business Intelligence und Unified Communications seien nur zwei Beispiele für Branchen, die in den letzten fünf Jahren ebenfalls ein schnelles Wachstum erlebt haben, behauptet er. Aus diesem Grund hat Personal Neuro Devices ein Team von Designern, Entwicklern und Spieleentwicklern zusammengestellt, um mobile Apps zu entwickeln, die EEG-Daten in umsetzbare Erkenntnisse umwandeln. Vier, sechs oder acht Wochen reichen aus, um neuronale Anwendungen zu starten, sagt er. Als nächstes steht ein Gedankenleseprogramm auf dem Programm, das aufgrund dessen, was es über Sie lernt, Karriereempfehlungen ausspricht. Mitgründer und Doktor Elliot Loh, Vizepräsident für Forschung bei Personal Brain Devices, ist die Hauptinspirationsquelle für den dreimonatigen Entwicklungszyklus von MySense. MySense ist eine Online-Umfrage, die derzeit zur Bestimmung der Empfindlichkeit einer Person gegenüber Umweltreizen dient. Menschen können von extrem empfindlich auf ihre Umgebung reagieren, als ob die Lautstärke auf der Welt auf 11 aufgedreht wäre, bis hin zur völligen Gleichgültigkeit gegenüber ihrer Umgebung. Mithilfe der elektrischen Aktivität Ihres Gehirns (EEG) bestimmt die App, wie empfindlich Sie auf verschiedene auf dem Bildschirm Ihres Smartphones dargestellte Reize reagieren. Loh argumentiert, dass die Erstellung eines Profils basierend auf diesen Daten für alles von der Jobsuche bis zur Bestimmung des Abendessens nützlich sein könnte. Beispielsweise würden sich leicht gelangweilte Menschen in einer hektischen Umgebung wie der Feuerwehr oder der Sportarena wohlfühlen. EEG-Modellierung kann Ihnen nicht nur sagen, in welchen Jobs Sie gut wären, sondern auch, mit welchen Kollegen Sie am besten auskommen würden. Loh sagt, dass Menschen am besten mit anderen auskommen, die ihre "Ebenen der sensorischen Empfindlichkeit" teilen. Sie finden sie nicht störend, nicht wahr? Er schlägt auch vor, dass die EEG-Signale von MySense gezielt für

Werbung genutzt werden könnten. Wenn Sie sich in einem Moment befinden, in dem Sie sich niedergeschlagen fühlen, ist dies eine gute Gelegenheit, ein Café zu empfehlen. Sie gehören zur richtigen Zielgruppe im richtigen Moment und in der richtigen Denkweise, um für die Werbung empfänglich zu sein. Ein weiteres BCI-Unternehmen, das Gesundheits-Apps für mobile Geräte entwickelt, ist Interaxon. Das in Toronto ansässige Unternehmen hat Ende letzten Jahres erfolgreich die Produktion seines eigenen Muse-Kopfhörers über Crowdfunding finanziert und es im Januar auf der Consumer Electronics Show in Las Vegas zusammen mit der dazugehörigen Brain Health System-Software vorgestellt. Dennoch sind Kopfbänder, die Gehirnwellen lesen können, ziemlich beunruhigend. Die meisten Menschen würden sich unwohl dabei fühlen, eine Technologie zu verwenden, die auch nur einen winzigen Teil ihrer privaten Gedanken offenbart. Die Vorstellung, dass jeder bereitwillig ein NeuroSky-Gerät aufsetzt und seine MySense-Daten auf Facebook teilt, ist kaum realistisch. Loh behauptet, dass die Technologie erst am Anfang steht. Er vergleicht es mit dem Lauschen auf den Motor eines Autos mit dem Ohr: "Es ist das Äquivalent dazu, das Ohr auf die Motorhaube Ihres Autos zu legen." "Wir sind offensichtlich noch nicht auf der Stufe des Gedankenlesens."

Laut CEO Denison haben über 2.500 Personen ausreichende Kenntnisse entwickelt, um die Apps von Personal Neuro Devices auf Android und im eigenen App Store von NeuroSky nutzen zu können. Das Unternehmen hat auch seine Transcend-App für den Genehmigungsprozess im Apple App Store eingereicht. Er erwartet, dass sich die Branche schnell von Early Adoptern zu spezialisierten vertikalen Anwendungen wie in physiologischen Rehabilitationszentren entwickeln wird. Denison wird persönliches Nirvana erreichen, wenn sein Unternehmen auch nur einen

Bruchteil des prognostizierten Marktes von 6 Milliarden US-Dollar erobern kann.

G. ROMAN

Wenn Computer anfangen, unsere Gedanken zu lesen

Es ist bereits möglich, dass Facebook und andere soziale Medien anhand von Daten fundierte Einschätzungen über die Absichten der Nutzer treffen können, wie beispielsweise ob sie schwanger sind oder ein Haus kaufen möchten. Wenn Sie eine Suche durchführen und sofort damit beginnen, relevante Werbeanzeigen zu sehen, kann dies ein unheimliches Gefühl vermitteln. Wenn Sie nicht aktiv nach etwas gesucht haben, es aber in Ihrem Instagram-Feed auftaucht, nachdem Sie darüber nachgedacht haben, kann dies ziemlich erschreckend sein. Dies könnte sowohl faszinierend als auch beunruhigend werden, wenn die Technologie fortschreitet und unsere Gedanken lesen kann.

Stellen Sie sich vor, Sie sind auf dem Weg zum Fitnessstudio unterwegs und haben etwas Hunger, aber Sie haben vergessen, Ihren Proteinriegel einzupacken. Sie sehen ein Drive-through von Smoothie King und denken: "Mann, ich könnte jetzt einen Protein-Smoothie gebrauchen."

Sie beenden Ihr Training, gehen nach Hause und fangen sofort an, auf Instagram zu lesen, wo Sie auf ein Foto eines lecker aussehenden Protein-Drinks von Smoothie King stoßen. Bei genauerer Betrachtung stellen Sie fest, dass es sich um eine bezahlte Werbung handelt. Paranoia macht sich breit; haben Sie den Smoothie tatsächlich laut erwähnt? Hat Instagram Ihre Gedanken ausspioniert? Vielleicht in einer nicht allzu fernen Zukunft.

Die Algorithmen von Facebook "kennen" uns auf eine Art und Weise, die sich psychisch anfühlt, aber ihre Erkenntnisse basieren tatsächlich auf einer umfangreichen Datenanalyse unserer Klicks, Suchanfragen, Likes, Käufe und mehr. Der Inhalt Ihrer WhatsApp-Chats könnte auch in diese Berechnungen einfließen. Wir haben dies als Normalität im Zeitalter von Big Data und Überwachungskapitalismus akzeptiert.

Unabhängig davon, wie fortschrittlich Algorithmen werden, bleibt der menschliche Geist eine private Angelegenheit. Gehirn-Computer-Schnittstellen ("BCI")-Technologien, die geistige Prozesse mit einem Computer verbinden, haben sich kürzlich weiterentwickelt und könnten bald eine Bedrohung für diese private Sphäre darstellen.

Was wäre, wenn Technologie Ihre Gedanken lesen könnte? Stellen Sie sich vor, Ihnen wird automatisch Kaffee gebracht, ohne danach zu fragen, oder Ihre Termine werden automatisch für Sie vereinbart. Stellen Sie sich vor, es gäbe eine App, die Ihnen sagt, was Ihr Partner zum Abendessen möchte, ohne dass Sie danach fragen müssen. Die Zeit und Mühe, die durch die Nutzung von Uber gespart wird, wäre enorm. Die Möglichkeiten sind grenzenlos.

Elon Musks Unternehmen Neuralink arbeitet daran, das menschliche Gehirn mithilfe sehr feiner Elektroden mit einem Computer zu verbinden. Bei der Demonstration der Technologie, an der unerwartet auch lebende Schweine teilnahmen, die tatsächlich mit den Elektroden des Unternehmens implantiert waren, behauptete Musk: "Wenn Sie diese Signale verbinden können, können Sie alles von Gedächtnisverlust, Hörverlust, Blindheit, Lähmung, Depressionen, Schlaflosigkeit, extremer Schmerzen, Anfällen, Angstzuständen, Sucht, Schlaganfällen, Hirnschäden lösen; all dies kann mit einem implantierbaren Neuralink gelöst werden."

Wenn Musk recht hat, wäre das erstaunlich und sehr vorteilhaft. Neben Musk und seinen Schweinen verwenden auch Wissenschaftler BCIs und haben gezeigt, dass sie die neuronalen Impulse einer Person aufzeichnen und entschlüsseln können, um synthetische Sprache oder Texte zu erzeugen. Daher lesen Computer bereits jetzt in Labors unsere Gehirne. Rate mal, wer einen Großteil dieser Studie finanziert. Facebook. Tatsächlich arbeitet Facebook an einem Gedankenlese-Gerät. Es wird an der Erforschung von Gehirn-Maschine-Schnittstellen unterstützt, die die elektrische Aktivität Ihres Gehirns lesen und in Text umwandeln können. Meinen Sie das ernst? Sie können Einzelheiten dazu in einem Blogbeitrag auf Facebook nachlesen. Die Forschung an der University of California, San Francisco, wird von Facebook finanziert. Die Forscher haben dort einen Algorithmus entwickelt, der Gehirnwellen in Echtzeit lesen und als Buchstaben auf einem Bildschirm anzeigen kann.

Sie sagen, dass das kurzfristige Ziel darin besteht, gelähmten Patienten zu helfen, indem Gehirnimpulse entschlüsselt werden, sodass sie ihre Gedanken "artikulieren" können. Millionen von Menschen könnten von einer solchen Lösung profitieren und ihre Lebensqualität verbessern. In den USA sind schätzungsweise 5,4 Millionen Menschen von Lähmungen betroffen.

Aber das ultimative Ziel ist es, ein breiteres Publikum zu erreichen: Das Ziel besteht darin, uns allen zu ermöglichen, Geräte nur mit der Kraft des Gedankens zu steuern. Dafür benötigt das Unternehmen Zugriff auf unsere mentalen Aufzeichnungen. Ich habe keinen Zweifel daran, dass Facebook versuchen wird, mit dieser Technologie auf irgendeine Weise Geld zu verdienen, sobald sie sie verstanden haben.

BCI wirft ernsthafte ethische Fragen auf.

Ist es möglich, dass Gedankenlese-Technologie eines Tages den Typ Medien beeinflusst, der Ihnen präsentiert wird?

Sind Ihnen die Auswirkungen dessen bewusst?

Diese Technologie wirft ethische Bedenken von bislang ungeahntem Ausmaß auf. Die Wissenschaftler, die an dem Facebook-Projekt arbeiten, sind sich bewusst, dass es unmöglich ist, jedes potenzielle ethische Problem vorherzusagen, das sich aus der Verwendung der BCI-Neurotechnologie ergeben könnte. Die idealen öffentlichen Beziehungen von Facebook in Form von Aussagen wie "Wir erkennen an, dass dies beängstigend ist und Sie uns nicht vertrauen, aber wir machen es trotzdem." Eine genaue Beschreibung kommt eher von der Firma selbst:

In einem Facebook-Beitrag sagte Projektleiter Mark Chevillet: "Was wir tun können, ist zu erkennen, wann die Technologie über das hinausgegangen ist, was die Menschen für möglich halten, und sicherstellen, dass diese Informationen an die Gemeinschaft weitergegeben werden." Einer der Grundpfeiler unseres Programms ist die neuroethische Gestaltung; wir freuen uns über Rückmeldungen der Öffentlichkeit zu etwaigen ethischen Fragen im Zusammenhang mit den von uns entwickelten Technologien.

Dies ist besonders besorgniserregend, da unser Geist und unsere Gedanken die letzte Bastion der persönlichen Privatsphäre darstellen. Sie bilden das Fundament dessen, wer wir sind und wie wir uns selbst sehen. Wer oder was wird die Kontrolle über unsere Gedanken übernehmen, wenn nicht wir selbst?

Unternehmen wie Facebook setzen ihre Aktivitäten trotz des öffentlichen Misstrauens gegenüber ihren Zielen fort, aufgrund ihrer Geschichte von Datenschutzproblemen, insbesondere Cambridge Analytica.

Ohne Elektroden oder eine MRT kann Facebook bereits einen bemerkenswerten Einblick in Ihre Psyche bieten. Laut Aussagen des Neurowissenschaftlers und UBC-Professors Roland Nadler geben Ihre Online-Gewohnheiten viel über Ihre geistige Verfassung preis. Deshalb mache ich mir Sorgen über die Kontrolle von Facebook über diese Forschungsinitiative. Die Möglichkeit, diese Daten mit in-vivo-Gehirndaten aus der realen Welt zu kombinieren, könnte weitreichende Auswirkungen haben.

Da Werbetreibende bereits versuchen, herauszufinden, wie das Gehirn Kaufentscheidungen generiert und wie sie diese beeinflussen können, könnte Facebook Gehirndaten an Unternehmen für Werbezwecke verkaufen. Die Erforschung dieser neuen Disziplin, bekannt als Neuromarketing, steckt noch in den Anfängen. Es ist beängstigend, sich vorzustellen, auf welche Weise Facebook und andere, einschließlich Regierungen, solche Werkzeuge einsetzen könnten, um das Verhalten von Menschen zu kontrollieren.

Einer der Hauptnachteile von sich entwickelnden algorithmischen Systemen besteht darin, dass ihre Architekten möglicherweise die wahre Natur ihrer Handlungen nicht verstehen können. Laut Nadler besteht die Gefahr, dass wir das, was der Computer sagt, als Evangelium akzeptieren, ohne darüber nachzudenken, wenn etwas schiefgeht oder wie wir überhaupt wissen, ob etwas schiefgeht. Sollten wir wirklich privaten Großunternehmen mit dieser Technologie freie Hand lassen?

Es sollten Regeln festgelegt werden, um zu verhindern, dass so etwas geschieht, aber im Moment scheint es keine zu geben. Da die meisten Länder die Datenerhebungspraktiken großer Technologieunternehmen bisher nicht kontrolliert haben, wird es einige Zeit dauern, bis Gesetzgeber die Auswirkungen von Gedankenlesegeräten verstehen. Es gibt derzeit nur wenige Vorschriften, wie Tech-Giganten wie Google und Facebook unsere neuronale Daten sammeln und daraus Profit schlagen können.

Der Aufstieg digitaler Giganten wie Facebook, Google, Amazon und Apple hat eine neue Ära monopolistischer Geschäftspraktiken eingeläutet. In der heutigen Wirtschaft, Gesellschaft und Regierung haben diese dominierenden Unternehmen die Möglichkeit, Gewinner und Verlierer zu bestimmen. Bevor wir ihnen Zugang zu unseren Gedanken geben, sollten wir die Konsequenzen bedenken.

G. ROMAN

Die Übernahme des Unternehmens für Hirn-Signale durch Facebook

Facebook-VP Andrew Bosworth hat eine Erklärung zu den Fähigkeiten der Technologie veröffentlicht. Neuronen im Rückenmark senden elektrische Signale an die Muskeln der Hand, um ihnen Anweisungen für Aktionen wie das Klicken einer Maus oder das Drücken eines Knopfes zu geben. Mit diesem Armband kannst du dein digitales Leben kontrollieren, indem du Signale empfängst und darauf reagierst, die deine Geräte verstehen können.

Thomas Reardon, Gründer und CEO von Ctrl-Labs, hielt einen Video-Vortrag auf der Slush 2018-Konferenz, in dem er erklärte, wie die "Erfassung von Absichten... die Kluft zwischen menschlicher Eingabe und menschlicher Ausgabe verringert". Er beschrieb das Rückenmark als "Art USB-Anschluss des Gehirns", der die Befehle des Gehirns in elektrische Signale übersetzt, die der Körper verwenden kann, um seine Gliedmaßen zu bewegen. Sensoren, die in ein Armband integriert sind, erfassen und übermitteln solche Impulse an einen Computer oder eine andere Verarbeitungseinheit, um Aktionen auszuführen. Wie von Reardon beschrieben, werden "die Impulse, die aus den motorischen Neuronen strömen, die in deinem Rückenmark leben und direkt die Fasern in deinen Muskeln ein- und ausschalten", vom Armband aufgenommen. Er erklärte, dass das Gerät auf nicht-invasive Weise diese Neuronen abhört, während sie Aktionspotentiale an den Muskel senden, und dass "wir die Nullen und Einsen der motorischen Neuronen - der Ausgangsneuronen des Gehirns - rekonstruieren können", die dann in ein "tiefes Netzwerk" eingespeist werden, um deine Absicht zu verstehen.

Obwohl Reardon erwähnte, dass "du diesem Netzwerk dienstbar bist, es arbeitet in deinem Dienst", um unsere Bedenken zu zerstreuen, erläuterte er dies nicht weiter, sodass ich mich frage, ob das Netzwerk der Sklave oder der Meister ist.

Reardon demonstrierte mehrere Beispiele, angefangen mit einer einfachen Aktivität, bei der er auf einem Tisch tippte und das Gerät die Position seiner Finger erkannte und sie in Worte auf einem Computerbildschirm übersetzte, obwohl keine Tastatur oder bewegungserfassende Kamera vorhanden war. Das macht Sinn. Du bewegst deine Finger an eine Position auf dem Tisch, die einem Tastenfeld auf einer Tastatur entspricht. Als Nächstes zeigte er, wie man ein kompliziertes Videospiel allein mit Gedanken steuern kann, indem er Sensoren benutzte, um das geistige Auge zu lesen und Signale an den Computer zu senden, anstelle eines physischen Joysticks oder einer Tastatur. Er betonte, dass "der Wunsch, nicht die Bewegung" das ist, worauf die Technologie abzielt.

Laut Reardon hat sich die Technologie bereits weiterentwickelt, sodass du die fünf Finger an jeder Hand mental simulieren kannst. Die Technologie kann auch den Eindruck erwecken, dass du eine zusätzliche Hand oder sogar einen sechsten Finger hast, mit dem du ein Gerät steuern kannst.

Es ist vielleicht nicht überraschend, dass Bosworth, der bei Facebook für dieses Vorhaben verantwortlich ist, auch für die Virtual- und Augmented-Reality-Initiativen des Unternehmens zuständig ist. Facebook kündigte am Mittwoch an, dass es Augmented-Reality-Brillen und ein Projekt namens "Living Maps" zur Erstellung von 3D-Karten der Welt entwickelt.

Nachdem ich sowohl Virtual- als auch Augmented-Reality-Brillen ausprobiert habe, sehe ich den Wert darin, eine bewegungslose Schnittstelle zu entwickeln, die keinen separaten drahtlosen Joystick oder Zeigegerät erfordert, wie es bei vielen der verfügbaren Kopfbedeckungen der Fall ist. Die Technologie von Ctrl-Labs könnte dazu beitragen, dass andere Technologien für Menschen mit Behinderungen zugänglicher werden, aber mir fallen auch andere Anwendungsmöglichkeiten ein. Wenn du keine Hände hast oder nicht in der Lage bist, sie zu bewegen, könntest du trotzdem alles mit deinen "Händen" tun, zumindest in der Theorie. Es könnte auch dazu beitragen, repetitive Belastungsverletzungen zu vermeiden, indem du einen Computer oder ein anderes Gerät bedienen kannst, ohne deine Handmuskeln übermäßig zu belasten.

Das ist fantastisch, aber es gibt auch legitime Sicherheitsbedenken bei dieser Technologie. Sie kann zwar nicht direkt Gedanken lesen, aber sie kommt dem nahe, indem sie Gedanken in Aktionen übersetzt. Ich frage mich, ob es technisch möglich ist, jemanden dazu zu bringen, etwas zu tun, nur indem er daran denkt. Manchmal denke ich Dinge, die ich tatsächlich nie tun würde. Selbst wenn es nur ein Wunschtraum ist, sollte man ihn wahrscheinlich nicht umsetzen.

Wenn diese Technologie zur Identifizierung und Aufzeichnung von Gehirnaktivitäten verwendet werden kann, könnte dies ernsthafte Auswirkungen auf die Privatsphäre haben. Angesichts der Datenschutzprobleme von Facebook ist dies nicht die Art von Technologie, die ich gerne unter ihrer Kontrolle sehen würde. Ich habe keine Ahnung, wohin dies führen könnte oder ob es jemals möglich sein wird, Gedanken tatsächlich aufzuzeichnen und zu transkribieren.

JESUS UND ZEIT SIND DER MORALISCHE KOMPASS DER WAHRHEIT

KAPITEL ACHT
Das größte Sicherheitsalbtraum des Gehirns

Forscher versuchen seit vielen Jahren, die Geheimnisse des Gehirns zu entschlüsseln. Elektroenzephalographische (EEG) und Computertomographie (CT)/Magnetresonanztomographie (MRT) haben zu unserem verbesserten Verständnis der inneren Abläufe des Gehirns beigetragen.

Jüngste Fortschritte in der künstlichen Intelligenz (KI) und im maschinellen Lernen (ML) in der Gehirnbildgebung haben uns näher als je zuvor an die Entwicklung einer echten Gedankenlese-Technologie gebracht. Viele PowerPoint-Präsentationen (ppt) zum Thema Gedankenlese-Technologie können online gefunden werden. Alle fragen sich, was getan werden könnte, um zu verhindern, dass die Gedankenlese-Technologie bis zum Jahr 2020 weit verbreitet ist.

Die Regierung hat die Entwicklung einer Gedankenlese-Technologie namens Brain-Computer-Interface (BCI) finanziert, die es Forschern ermöglicht, den Geist eines Individuums zu lesen, indem sie eine Kommunikationslinie zwischen dem Gehirn und einem Computer schaffen. Die Forschung an der BCI-Technologie durch einen KI-Branchenexperten an der Universität von Essex könnte nach Angaben des Artikels ein großer Treiber für Veränderungen im Leben von Menschen sein, die derzeit nicht kommunizieren können. Mehrere verschiedene Arten von Gedankenlese-Geräten sind derzeit für die Öffentlichkeit verfügbar.

Was kann jetzt getan werden, um Menschen in der Zukunft zu schützen, wenn die BCI-Technologie weit fortgeschritten ist, um nicht von Regierungen, Unternehmen und Hackern ausgebeutet zu werden?

Derzeit können wir nur Menschen, die vollständig gelähmt sind und am Locked-in-Syndrom leiden, durch Integration und Bewertung der BCI-Technologie mit intelligenten Haushaltsgeräten ein erneuertes Gefühl von Freiheit und Unabhängigkeit vermitteln. Trotz dieser potenziell bahnbrechenden Vorteile hat die neueste Gedankenlese-Technologie enorme ethische Konsequenzen.

Regierungs- und Unternehmenssektoren haben beide viel in diese Forschungen investiert, um die Gedankenlese-Industrie zu starten. Die US-Regierung hat allein im Jahr 2018 über 400 Millionen US-Dollar für die Entwicklung der Neurotechnologie im Rahmen ihres BRAIN-Programms bereitgestellt, und 2017 hat die Defense Advanced Research Projects Agency der Vereinigten Staaten 65 Millionen US-Dollar in die Erforschung von Neuralimplantaten investiert. Die Europäische Kommission hat eine Milliarde US-Dollar für einen zehnjährigen Versuch bereitgestellt, dessen übergreifendes Ziel es ist, den Human Brain Reading Test zu simulieren, eine Reihe von Lesespielen, die von Menschen gespielt werden. Um Ihre Frage zu beantworten, ja, es gibt bereits mehrere Gedankenlese-Geräte auf dem Markt.

Auch Unternehmen sind aktiv daran beteiligt, die Möglichkeiten der BCI-Technologie zu erweitern. Die Morningside Group, eine Gruppe von Neurologen, KI-Ingenieuren und Ethikern, veröffentlichte einen Artikel in einer wissenschaftlichen Zeitschrift aus dem Jahr 2017, in dem geschätzt wurde, dass gewinnorientierte

Unternehmen bereits rund 100 Millionen US-Dollar pro Jahr in die Entwicklung von Neurotechnologien investieren. Dennoch schätzt Allied Market Research, dass die BCI-Branche bis zum Jahr 2020 weltweit einen Wert von bis zu 1,46 Milliarden US-Dollar erreichen könnte.

Im Jahr 2019 gehörte auch Facebook zu den bekanntesten Unternehmen, die die Gedankenlesen-Technologie ausprobierten. Auf der jährlichen Entwicklerkonferenz von Facebook im Jahr 2019 sagte Regina Dugan, die für die neuen Hardware-Initiativen des Unternehmens verantwortlich war und die Entwicklung der Plattform "Around 8" leitete, dass Benutzer bald in der Lage sein würden, auf der Plattform nur mit ihrer Vorstellungskraft zu tippen. "Das klingt vielleicht unrealistisch, aber es ist näher, als du denkst", fügte Dugan hinzu.

Während Gebäude acht Ende 2018 abgerissen wurde und die Erfinderin von Gehirnlesegeräten, Regina Dugan, Facebook nach nur 18 Monaten verließ, bekräftigte Facebook-CEO Mark Zuckerberg kürzlich in einem Interview mit Jonathan Zittrain, Professor an der Harvard Law School, sein Interesse an der BCI-Technologie. Zuvor hatte Zuckerberg die telepathische Technologie auch als Höhepunkt der Kommunikationsmethoden bezeichnet. Elon Musk und Nissan, ein japanischer Autohersteller, sind einige bemerkenswerte Persönlichkeiten, die BCI untersuchen. Ersterer kündigte im Jahr 2020 seine Ambitionen an, seinen Geist ins Auto zu bringen, eine Technologie in Form von gedankenlesender Computertechnologie, während Letzterer an einem geheimen Projekt mit dem Codenamen Neuralink arbeitet, das darauf abzielt, Menschen über ein Gehirnimplantat mit der KI in Symbiose zu bringen. Im Jahr 2019 werden wir eine starke Verbreitung drahtloser Gedankenlesegeräte erleben.

Matran Fernandez ließ es jedoch nicht nur bei diesen ambitionierten Zielen bewenden, sondern wies auch auf eine Reihe von Problemen und Hindernissen bei der kommerziellen Entwicklung der BCI hin, allen voran den hohen Preis. Die meisten BCI-Studien werden aufgrund der hohen Kosten der verwendeten Technologie in Labors durchgeführt. Selbst wenn diese hochmoderne Ausrüstung jedoch erschwinglich genug für die Massenproduktion ist, könnte sie noch nicht bereit für den Einsatz im Alltag sein. Es wird auch davon ausgegangen, dass die patentierte Technologie hinter dem Gedankenlesegerät noch nicht ganz ausgereift ist. In der Praxis sind die bisher gesehenen Headsets, die wesentlich günstiger sind und etwa 100 Dollar kosten würden, nicht gut genug. Dies liegt zum Teil daran, dass jeder Mensch einzigartig ist, und zum Teil daran, dass Menschen mit Zuständen wie dem Locked-in-Syndrom noch komplexer verkabelte Gedanken haben.

Laut einem Interview, das Matran-Fernandez der Zeitschrift The New Economy gegeben hat, glaubt sie, dass "die neueste Technologie auf dem richtigen Weg ist", insbesondere was die Algorithmen betrifft. Die Tatsache, dass die Teile zusammengefügt werden können und jemand bereit ist, an diesem Aspekt zu arbeiten und ihn zugänglich zu machen, ist einfach eine Tatsache.

Obwohl die gesamte Branche diese praktischen Schwierigkeiten angehen muss, um die breite Akzeptanz der aktuellen Gedankenlese-Technologie zu verbessern, bleiben ernsthafte ethische Bedenken gegenüber dieser neuen Praxis bestehen und untergraben ihre Nachhaltigkeit. Der Stand der BCI-Technologie befindet sich noch in den Anfängen, und es könnten Jahrzehnte vergehen, bis sie zum Alltag gehört. Dennoch hat die Morningside-Gruppe vorausgesehen, dass bereits jetzt Vorsichtsmaßnahmen getroffen werden müssen, um die Manipulation oder Ausbeutung von Individuen durch mächtige

Unternehmen, Regierungen oder Hacker zu verhindern, nachdem die BCI-Technologie deutlich fortgeschritten ist.

Die Gruppe sah eine Zukunft voraus, in der wir die Gedanken der Menschen entschlüsseln und die Gehirnmechanismen, die ihren Emotionen, Absichten und Entscheidungen zugrunde liegen, manipulieren können; in der Menschen ausschließlich durch Gedanken miteinander kommunizieren können; und in der sowohl geistige als auch körperliche Fähigkeiten stark verbessert sind. Das Gremium kommt zu dem Schluss, dass die Helsinki-Deklaration und der Belmont-Bericht, die derzeit die ethischen Regeln für Menschenversuche und Forschung darstellen, in bestimmten Fällen völlig unzureichend wären.

Die inhärente Verletzlichkeit des menschlichen Geistes kompliziert das Thema Sicherheit und Privatsphäre weiter. Einige Personen, die beispielsweise eine tiefe Hirnstimulation durch eine Elektrodenimplantation durchlaufen haben, berichten von einem Verlust der Kontrolle und des Selbstgefühls. In einer kürzlich durchgeführten Studie argumentierten die Akademiker Laterine Pratt und Eran Klein, dass die Daten über das zerebrale Gespräch ähnlich wie andere Arten persönlicher Daten sind, da sie eng mit dem Geist und den Identitäten verbunden sind, die wir jeder für uns haben.

Darüber hinaus macht sich Matran Fernandez derzeit keine großen Sorgen um Sicherheits-, Privatsphäre- oder Identitätsbedenken. Sie erklärte, dass die Technik, die eher an der Tür eines Auditoriums auftreten würde, wenn ein Orchester spielt, keine Gedankenlesen beinhaltet. Nach Matran Fernandez' Analogie repräsentiert jedes Mitglied der Band eine andere Art neuronaler Aktivität im Gehirn. Sie erwähnte auch, dass die Musik von außen so verzerrt wäre, dass man die einzelnen Instrumente nicht erkennen könnte.

Mit Hilfe der BCI-Technologie haben diese Forscher ähnliche Ergebnisse erzielt. Wenn zum Beispiel zwei Gruppen mit einer Ja/Nein-Antwort gebildet werden, können die Forscher die Reaktion des Gehirns auf jede Gruppe untersuchen und sie voneinander unterscheiden, aber sie werden den genauen Gedanken der Teilnehmer dennoch nicht bestimmen können.

Dennoch gibt es vielversprechende praktische Anwendungen für BCIs, insbesondere in der Gesundheitsbranche, wo sie bereits teilweise erfolgreich eingesetzt wurden, und viele ethische Fragen im Zusammenhang mit Gedankenlese-Technologie. Die Forschungsgruppe BrainGate setzt beispielsweise BCI-Technologie ein, um Menschen mit neurologischen Störungen, Verletzungen oder Amputationen dabei zu helfen, die Fähigkeit zur Kommunikation wiederzugewinnen.

Paralysierte Teilnehmer der Fallstudien konnten nach Implantation von Sensoren in ihre Gehirne etwa acht Wörter pro Minute auf Tablets und Smartphones tippen. BrainGate hat auch die Machbarkeit des Einsatzes von BCI-Technologie zur Wiederherstellung von Bewegungen bei Personen mit chronischer Tetraplegie aufgrund einer Rückenmarksverletzung gezeigt.

Darüber hinaus haben Wissenschaftler der Columbia University kürzlich einen synthetischen Sprachgenerator entwickelt, der mithilfe eines Hirnlesegeräts namens Vocoder auf der Grundlage der Hirnaktivität allein ermitteln kann, was eine Person sagen möchte. Diese Informationen werden dann an einen Sprachsynthesizer weitergeleitet. Das Hauptziel besteht darin, Patienten, die aufgrund von Krankheit oder Verletzung ihre eigene Stimme verloren haben, eine künstliche Stimme zur Verfügung zu stellen. Die Forschung steckt noch in den Anfängen, aber Projektleiter Nima behauptet, dass es mit der richtigen Ausrüstung möglich sein wird, die Gedanken dieser Personen zu entschlüsseln und zu verstehen.

Obwohl es möglich ist, dass modernste Technologie langfristig genau ist, gibt es keine Garantie dafür, dass die Absicht des Benutzers konstant bleibt. Gehirn-Computer-Schnittstellen könnten jedoch von gesunden Menschen genutzt werden, obwohl sie hauptsächlich zur Unterstützung von Kranken entwickelt wurden. Auch wenn Gedankenlese-Technologien an Popularität gewinnen, dürfen wir das ethische Dilemma des Schutzes unserer Gehirnprivatsphäre nicht aus den Augen verlieren.

Die Studie der Columbia University ist eine von vielen laufenden Untersuchungen zu dieser Frage. Anfangs versuchten Menschen, ihre Gehirnleistung zu nutzen, um einen Computercursor zu steuern. Bis 2018 waren Wissenschaftler in Peking jedoch viel weiter auf dem Weg des Gedankenlesens vorangekommen, bis zu dem Punkt, an dem sie viel mehr erkennen konnten als nur anhand der Gehirnsignale.

Menschliche Sprache, Gedanken und Taten haben alle ihren Ursprung in der chaotisch-dynamischen Übertragung von Gehirnimpulsen. Ziel einer BCI ist es, die beabsichtigten Gesten des Patienten zu erkennen, sie mithilfe modernster Algorithmen in sinnvolle Befehle zu übersetzen und diese Befehle an ein Gerät weiterzuleiten, das sie ausführt. Dies kann eine künstliche Stimme oder eine Prothese sein.

Bestimmte aktive Forschungsinitiativen konzentrieren sich auf Erkrankungen des Nervensystems und Lähmungen. Die gleichen Methoden können jedoch auch verwendet werden, um in den mentalen Raum einer Person einzudringen und die letzte Barriere der Anonymität zu durchbrechen.

Stellen Sie sich den Einfluss vor, den Korrupte dadurch erlangen könnten. Marketer könnten das Potenzial der Gedankenlese-Technologie nutzen, um das Maß an Kundenabscheu und -begeisterung zu erkennen, was ihnen helfen könnte, die Aufmerksamkeit der Verbraucher besser zu erfassen. Es ist möglich, dass das Management eine präzisere Methode zur Messung der Unzufriedenheit der Mitarbeiter und ihrer Loyalität gegenüber der Organisation wünscht.

Wir sollten dystopische Vorhersagen nicht als reine Fiktion abtun, denn bestimmte modernste Technologien haben eine unschöne Geschichte, wie sie auf unerwartete Weise eingesetzt werden können. Derzeit gibt es bereits Kurse zum Neuromarketing, in denen Studenten lernen, die Vorlieben der Kunden mithilfe wissenschaftlicher Methoden abzuleiten. Einige Unternehmen implantieren RFID-Chips - die gleiche Technologie, die in kontaktlosen Zahlungskarten verwendet wird - buchstäblich in die Gehirne ihrer Mitarbeiter. Diese Chips ermöglichen den Mitarbeitern den Zugang zum Gebäude und zu Computern, bergen jedoch auch das Potenzial für eine äußerst fein abgestimmte Überwachung am Arbeitsplatz.

Der Philosoph und Neurowissenschaftler Eran Klein sowie die Absolventin der University of Washington, Katherine Pratt, bewegen die Menge, indem sie auf die ethischen Bedenken in Bezug auf das Mind-Reading hinweisen. 2018 war man sehr daran interessiert, drahtlose Gedankenlese-Technologie zu entwickeln. Da es Personen gab, die der Meinung waren, dass die ethischen Bedenken der BCI besondere Berücksichtigung erfordern.

Das P300-Elektroenzephalographie-Signal wurde umfassend untersucht. Es dauert etwa 300 Millisekunden, bis das Gehirn auf einem hohen Niveau etwas erkennt, daher der Name des Signals. Es entsteht, wenn das Gehirn etwas erkennt, dem es nicht ausreichend Aufmerksamkeit schenkt, wie zum Beispiel ein bekanntes Gesicht in einer Menschenmenge, eine falsche Note in einem Musikstück oder eine PIN-Nummer. Dies bildet die Grundlage für eine hoch umstrittene Technologie namens Gehirnabdruck, die behauptet, jeden Verdächtigen in jedem Fall identifizieren zu können, unabhängig davon, ob er mit der Waffe oder dem Tatort vertraut ist.

Obwohl die Gedankenlese-Technologie derzeit möglicherweise umständlich ist, da sie den Einsatz von Gehirnfilterungsmaschinen oder verdrahteten Kopfbedeckungen sowie ausdrücklicher Zustimmung erfordert, kann sich dies in Zukunft ändern. Moderne Technologien könnten letztendlich das Tor zur ultimativen Privatsphäre öffnen. Wer könnte wetten, dass Neuroscams populärer werden?

Ähnlich wie wir aus Bequemlichkeit in Kauf nehmen, dass unsere Sicherheit zugunsten des Zugangs zu Online-Diensten beeinträchtigt wird, könnte auch die neuronale Sicherheit irgendwann zu einer Ware werden. In einer Zukunft, in der Automatisierung viele Arbeitsplätze bedroht, könnte es sogar notwendig sein, überhaupt ein Einkommen zu haben. Vor einem Jahr begannen Gerüchte die Runde zu machen, dass einige chinesische Gesetzgeber ihre Emotionen und Gedanken mit "Gedankenleser"-Helmen untersuchen ließen.

Das sind die beiden Seiten der Medaille bei Gehirn-Computer-Schnittstellen: Was als Fenster für sozial isolierte Patienten beginnt, um mit der Außenwelt zu kommunizieren, kann sich schnell zu einem "Schlüsselloch" für neugierige Beobachter entwickeln.

Der Markt für "Gehirn-Computer-Schnittstellen" oder Geräte, die die elektrischen Signale im Gehirn von Menschen in verständliche Worte und sogar Aktionen übersetzen können, wächst rasant.

Der resultierende Text kann auf einem Bildschirm angezeigt, elektronisch synthetisiert und vertont werden, und die gewünschte Aktion kann durch eine an die primär gelesenen Gedanken angeschlossene Prothese oder einen Roboter schnell ausgeführt werden, der möglicherweise mit nichts anderem verbunden ist.

Die Risiken sind natürlich offensichtlich, aber andere, die ebenfalls von einem solchen Zugang zu modernsten Technologien profitiert haben, haben sich nicht unbedingt mit Ruhm bekleckert.

Es bestand nie ein Zweifel daran, dass das Militär der BCI den Weg in die Außenwelt ebnet, aber das zählt nicht, weil der Militärdienst immer noch weitgehend auf diejenigen beschränkt ist, die unter der direkten Aufsicht der natürlichen Kräfte der gesamten Dunkelheit stehen und glauben, dass sie alles tun können, was sie wollen, ohne Konsequenzen befürchten zu müssen.

Zum Zeitpunkt der Abfassung dieses Textes ist nicht bekannt, wie lange es bereits BCI-Technologie gibt und in welcher Form sie vorliegt. Sehen alle gleich aus wie Helme oder Brillen? Oder gibt es auch Formen von BCI, die keine externe Ausrüstung erfordern (ob implantiert oder nicht)?

Derzeit gibt es zumindest zwei Möglichkeiten, wie modernste Technologien in einem der oben genannten Bereiche schnell für die breite Öffentlichkeit verfügbar gemacht werden können.

Prothesen, künstliche Gliedmaßen, die mit dem Gehirn verbunden und von ihm gesteuert werden, sind ein Beispiel dafür, wie das Militär auch in diesem Bereich hilft. Empfänger solcher Prothesen sind Menschen, die bereits in den zahlreichen Niedrig- und Hochintensitätskriegsschauplätzen auf der ganzen Welt Verluste erlitten haben.

Eine weitere Option besteht darin, mit kommerziellen Unternehmen verschiedener Größen und Entwicklungsstufen zusammenzuarbeiten. Universitäten sind jedoch in der Regel führend in diesem Bereich und arbeiten häufig mit Technologiepionieren der Gesundheitsbranche zusammen.

Die bekanntesten Unternehmen, die daran arbeiten, diese Technologie auf den Markt zu bringen, sind Facebook und Microsoft, obwohl dies nicht unbedingt im Einklang mit ihren Produkten oder ihrem typischen belanglosen, langweiligen Small Talk steht.

Ein ehemaliger Neurowissenschaftler der Johns Hopkins University, der an einem per Gedanken gesteuerten Prothesenarm gearbeitet hat, soll Gerüchten zufolge die Bemühungen von Facebook leiten, Gedankenlesetechnologien zu vereiteln.

Building 8, ähnlich wie Google X, ist der Name einer geheimnisvollen Unternehmenseinheit bei dem sozialen Netzwerkgiganten mit einer Nutzerbasis, die der Gesamtbevölkerung der Welt entspricht, in der das Unternehmen Mondschüsse, aufregende Ideen mit den modernsten Technologien, die möglicherweise eine kommerzielle Anwendung haben oder auch nicht, ausprobiert.

Die Geschichte besagt auch, dass Facebook ehemalige Führungskräfte des Defense Advanced Research Projects eingestellt hat, um die Gebäude 8 zu leiten.

Natürlich ist Microsoft als Innovator auf der Social-Media-Plattform bekannt. Seit 2007, als Microsoft 240 Millionen Dollar für einen 1,6%igen Anteil an Facebook bereitstellte, wurde das Unternehmen auf 15 Milliarden Dollar geschätzt. Dies hat viele Menschen damals überrascht.

Zum jetzigen Zeitpunkt ist Facebook etwa 400 Milliarden Dollar wert.

Microsoft und Facebook, zwei Unternehmen, von denen man normalerweise keine enge Zusammenarbeit erwartet, entwickeln beide Virtual-Reality-Headsets. Diese Geräte würden sich hervorragend als Lieferplattformen für welche Art von Magie (oder Bösem, je nach Sichtweise) eignen, in dem Produkt steckt. Letztendlich können Virtual-Reality-Headsets als eine Art Gehirn-Computer-Schnittstelle (BCI) betrachtet werden.

In den nächsten Jahrzehnten werden das exponentielle Wachstum der weltweiten Verarbeitungsleistung und der Speicherakkumulation sowie die ständig verbesserte Videoaufzeichnungsqualität zweifellos mit diesen Headsets zusammenkommen.

Es ist vorstellbar, dass BCIs, die früher den Techies und Pionieren vorbehalten waren, irgendwann zur Standardausrüstung für alle werden.

OpenBCI, eine offene Diskussion, in der interessierte Personen an der Verbesserung der Technologie zusammenarbeiten können, ist in diesem Zusammenhang eine erwähnenswerte Initiative.

In Reaktion auf den Artikel "Sie müssen nie wieder etwas eintippen", der vor einer Woche veröffentlicht wurde, haben Forscher der Stanford University eine BCI entwickelt, mit der ein Benutzer mit einer Geschwindigkeit von mehr als sechs Wörtern pro Minute tippen kann, ohne eine Konsole zu berühren.

Als Testpersonen wurden drei Personen mit Behinderungen eingesetzt, die bestimmte Arten körperlicher Aktivitäten nicht ausführen können.

Die BCI, bei der anscheinend ein Computer ins Gehirn eingebettet wird, wurde kürzlich von Stanford-Experimentalforschern im Hinblick auf medizinische Implikationen erörtert.

Die Studie ergab, dass die Verwendung hochleistungsfähiger BCI-Algorithmen bei klinischen Demonstrationen mit Menschen ein vielversprechendes Potenzial für diese Kategorie modernster Technologie bietet, um zuvor unmögliche Formen der Kommunikation für Patienten mit Lähmungen zu ermöglichen. Man versucht sogar, mit der Geschwindigkeit, mit der man auf einem mobilen Gerät tippen kann, Schritt zu halten.

Ein Gesundheitshinweis des Bundes ist ebenfalls auf dem Gerät vorinstalliert, um den Benutzer darauf hinzuweisen, dass es sich um ein Forschungswerkzeug handelt. Nach Bundesgesetz darf es nur für Forschungszwecke verwendet werden.

Die meisten Menschen denken darüber nach, wer die Idee für die Gedankenlesemaschine hatte, aber es wird deutlicher, wohin das führt, wenn die Technologie verbessert werden kann, um mit einer Geschwindigkeit von 50 bis 150 Wörtern pro Minute zu tippen. Wie viel würden Sie für ein Gerät oder Gadget bezahlen, das das Tippen überflüssig macht?

Das Potenzial dieser Technologie geht weit über die bloße Diktatdienste hinaus und ist bereits jetzt genau genug, um mit einer Vielzahl von heute verfügbaren Webanwendungen verwendet zu werden.

Selbst wenn wir abschätzen könnten, wie viel Rechenleistung benötigt würde, um diese Möglichkeit zu bewältigen, würde es sogar die großen Datenmengen übertreffen.

G. ROMAN

Die Zukunft der Privatsphäre

Es ist wichtig zu bedenken, dass BCIs die gleichen ethischen Herausforderungen mit sich bringen werden, die mit früheren Technologien verbunden sind, wobei der Schutz der Privatsphäre wohl die prominenteste ist.

Wir wissen, wie frustrierend es ist, wenn Ihre Anmeldeinformationen kompromittiert werden, selbst wenn Ihre Finanzinformationen sicher sind. BCIs könnten jedoch bedeuten, dass Hacker potenziell auf Ihre psychologischen Reaktionen zugreifen und stehlen können, samt all der Scham und des Horrors, der damit einhergeht.

Mit Zugang zu so vielen privaten Informationen sind BCIs ein Hauptziel für Hacker und potenzielle Erpresser. Es liegt nahe, dass Sicherheitsmaßnahmen darauf abzielen werden, BCI-Daten so sicher wie möglich zu halten. Denn wir wissen alle, dass Verteidigungsmaßnahmen nicht immer erfolgreich sein können.

Da BCIs nun in den Verbrauchermarkt eintreten, könnten Datenschutzkontrollen basierend darauf, ob der Träger eine persönliche Isolationsschwelle überschreitet oder nicht, in Verbindung mit BCIs implementiert werden.

Rajesh Rao, Professor an der Paul G. Allen School of Computer Science & Engineering der University of Washington, nennt unsere eigenen inneren Verfahren als Grund für vorsichtige

Hoffnung. Das Militär ist eine wichtige Finanzierungsquelle für die Forschung und Entwicklung von BCIs, was aus mehreren Gründen problematisch ist.

Es scheint wahrscheinlich, dass das Interesse des Militärs an BCIs zur Entwicklung von Systemen führen wird, die die menschlichen Fähigkeiten verbessern sollen, zusätzlich zur Unterstützung von Soldaten, die mit Unfällen im Krieg ihre verlorenen Fähigkeiten wiedererlangen sollen. Ein Soldat könnte sich also mit KI verbinden, um Ratschläge zu Schlachtplänen zu erhalten, seine Angst vor einem Gegner zu mindern oder ein entferntes Team in das Gebiet einzubinden, um Unterstützung zu leisten. Es wurde schon immer als vorteilhaft und ein militärisches Ziel angesehen, in Zeiten des Konflikts überlegenere Technologie als der Feind zu haben.

Es gibt auch Bedenken, dass die militärische Nutzung von BCIs dazu führen wird, dass Gehirn-Computer-Schnittstellen als Verhörinstrumente eingesetzt werden könnten und möglicherweise dazu verwendet werden, in die Gedanken gefangener feindlicher Soldaten einzudringen. Die gleichen Bedenken, die den militärischen Einsatz von BCIs kontrovers machen, gelten auch für ihre breitere Anwendung in der Gesellschaft.

Ist es fair, dass eine Person mit einer Gehirn-Computer-Schnittstelle mit einer normalen Person um einen neuen Job konkurriert, indem sie ihre eigene Rechenleistung und eine Speicherkarte nutzt? Angesichts der hohen Kosten von BCIs werden sie nur für den einen Prozent zur Verfügung stehen, um die anderen zu beherrschen?

Der Zugang zu Geräten, die schnelles Lernen oder außergewöhnliches Gedächtnis ermöglichen, kann neue Fragen der sozialen Gerechtigkeit aufwerfen.

"Es entstehen neue Probleme zwischen denen, die haben, und denen, die nicht haben", sagt Rao.

Dies ist keineswegs das einzige Problem, das durch die Verwendung dieser Technologie entstehen kann. Während die meisten heutigen BCIs nur Gedanken lesen können, aber keine Informationen zurück ins Gehirn senden können, könnten zukünftige BCIs beides tun können. Eine weitere potenzielle rechtliche Front bei BCI-Technologie könnte Arbeitnehmer gegen ihren Arbeitgeber stellen.

Wenn ein Arbeitnehmer für einen Anbieter arbeitet oder Urlaub nimmt, sind rechtliche Schutzmaßnahmen vorhanden, um sicherzustellen, dass das geistige Eigentum des Anbieters und des Arbeitnehmers geschützt sind. Aber was passiert, wenn ein Unternehmen es nicht stört, wenn ein Arbeitnehmer die während der Arbeit erworbenen Fähigkeiten und Informationen mitnimmt, wenn er geht?

Dr. S. Matthew Liao, Professor für Bioethik an der New York University, sagt, es sei gängige Praxis, dass Unternehmen von Mitarbeitern verlangen, Firmeneigentum bei Ausscheiden zurückzugeben, wie zum Beispiel Laptops oder Handys. Aber was ist, wenn Sie ein Gedächtnisimplantat im Gehirn haben, das ständig Daten speichert?

Derzeit möchten wir wissen, ob sie bereits Zugriff auf diese Daten haben und ob sie eine weitere Anfrage dafür stellen möchten. Schalten sie es nach Feierabend aus und stellen es am nächsten Morgen zurück? Wenn ja, können sie es zurückfordern?"

Ethical Issues of Brain-Based Speech Decoding

Die Neurowissenschaft entwickelt schnell Geräte zum Lesen des Gehirns. Diese Technologien zeichnen Gehirnimpulse auf, verarbeiten sie und decodieren sie. In der populären Kultur wird dies als "Gedankenlesetechnologie" bezeichnet. Sollte diese Technologie die Öffentlichkeit beunruhigen? Ist sie telepathisch? Gedankenlesen wirft Bedenken hinsichtlich freier Überlegungen und Selbstkonzeption in einer Welt auf, in der man nicht diskret über Dinge nachdenken kann. Privatsphäre, kognitive Freiheit sowie Selbstkonzeption und -ausdruck scheinen ethisch wichtig zu sein. Dieser Aufsatz untersucht, ob Gehirnlesegeräte Gedanken lesen. Wenn ja, bedarf es ethischer Lösungen. Wenn nicht, müssen Wissenschaftler und Technologieentwickler Wege finden, um dies genau zu kommunizieren, um unbegründete Ängste zu zerstreuen und berechtigte Bedenken anzugehen.

Neuronale Technologien und Gedankenlesen werfen ethische Bedenken auf. BCIs und die neuronale Decodierung mittels Neurotechnologien werden als "Gedankenlesen" bezeichnet. Die Neurowissenschaft kann dank Gehirnschnittstellen-Technologien einige Verbindungen zwischen geistigen Zuständen (Vorstellungskraft, Emotionen, Absichten, Wahrnehmung, Entscheidungsfindung usw.) und Hirnaktivitäten aufzeigen. Daher ist der Geist materiell.

Der Zugang zu einem bestimmten materiellen Substrat geistiger Prozesse ist jedoch begrenzt und umfasst nicht alle Elemente des Geistes. Daher sind neuronale Korrelationen physische Marker geistiger Äußerungen, aber nicht der Geist selbst. Man sollte den Geist nicht mit fragmentierten Vorstellungen verwechseln und das Gedankenlesen nicht mit neuronalen Abdrücken von Gedanken gleichsetzen. Eine neuronale Prothese kann nur bestimmte Teile geistiger Zustände lesen. Es ist also ungewiss, wie viele Gehirnaufzeichnungen vollständige Gedanken entschlüsseln können. Zunächst beantworten wir diese Frage allgemein und dann im Zusammenhang mit einer Sprach-BCI. Inwieweit kann eine Sprachprothese auf unsere Gedanken für die Sprach-BCI zugreifen?

Nach anerkannten Verhaltens- und Sprachindikatoren können Menschen im Allgemeinen die Gedanken anderer lesen, indem sie ihre Gedanken anhand der von ihnen bewusst abgegebenen Signale ableiten (von unbewussten und anderen "Zeichen" abgesehen). Nur Vorhersagen können in Bezug auf die inneren Gedanken einer Person getroffen werden. Ein "Gedankenlese"-Gerät kann Informationen erfassen, die von menschlichen Interpretationen, die auf eher typischen zwischenmenschlichen Verfahren beruhen, abweichen, was ethische Bedenken aufwirft. Technologie kann objektiver sein als zwischenmenschliche Interpretation. Aufgrund dessen scheint es riskanter zu sein, den eigenen Geist objektiver Lesbarkeit auszusetzen als ihn in vertrauten sozialen, unvollkommenen Bereichen zu belassen. Technologievermitteltes Gedankenlesen scheint eine eigene Diskussion zu rechtfertigen.

Neurotechnologien zeichnen die elektrische Aktivität des Gehirns auf und verarbeiten die Ausgaben. Elektrokortikographie (ECoG), nichtinvasive Elektro- oder Magnetoenzephalographie

(EEG/MEG) und makroskopische oder mikroskopische intrazerebrale/intrakortikale Sonden können das Gehirn aufzeichnen. Alle Gehirnaufzeichnungen korrelieren mit physischen und kognitiven Aktivitäten.

Angesichts der laufenden Aktivitäten beim Gedankenlesen und der Versuche, sie mit geistigen Prozessen in Verbindung zu bringen, ist es wichtig, die sozialen, rechtlichen und regulatorischen Aspekte der primären Forschung und gleichzeitigen Technologieentwicklung im Auge zu behalten. Technologien, die den Anschein erwecken, Gedanken lesen zu können, können den Status des Individuums als Zentrum bewusster Aktivität in Frage stellen (Mecacci und Haselager 2019).

Gedankenlesen, wie das Lesen eines Buches, bedeutet, dass es sichtbar sein kann. Dies würde der Vorstellung widersprechen, dass das eigene Denken privat ist. Gedankenlesen kann die Gedanken, Gefühle, Absichten, Wahrnehmungen und Erinnerungen einer Person offenbaren, mit oder ohne Genehmigung. Es kann neue Formen der Kommunikation, Selbstausdruck und des Verständnisses ermöglichen. Dieses Science-Fiction-Szenario kann Bedenken hinsichtlich der Frage aufwerfen, wer in den Geist eindringen kann und wie Menschen beurteilt werden. In einer Welt des Gedankenlesens sollten Menschen nach dem beurteilt werden, was sie sagen oder was sie denken?

Seit 2013 kann die "P300"-Welle dazu dienen, die Gehirnaktivität zu "spionieren" und vertrauliche Informationen zu sammeln. Unterbewusste Hinweise können persönliche Überzeugungen vorhersagen. Forscher haben ein Spiel entwickelt, um die Gehirnaktivität aufzuzeichnen. Diese Signale könnten Bank-PIN-Nummern und andere vertrauliche Informationen ohne das Wissen des Spielers enthüllen (Ienca et al. 2018). Durch die

Aufzeichnung der Gehirnaktivität während des Spiels und die Suche nach P300-Wellen als Reaktion auf verborgene Reize wurde dies ermöglicht. Daher sind Gehirndaten sehr sensibel, da sie Informationen enthalten können, die ein Subjekt möglicherweise nicht teilen möchte, die jedoch andere über Neurotechnologie erhalten können.

Neurotechnologie im Recht wirft dieses Problem auf. Meegan (2008) behandelt die Erinnerungserkennung durch Strafverfolgungsbehörden. Trotz Behauptungen kann die Gehirnaktivität auf Szenen- oder Objekterkennung hinweisen. Dies könnte ein Maßstab für das Gedächtnislesen sein - die Idee des "schuldigen Wissens" als Beweis vor Gericht. Kann der Gedankenleser auf gespeicherte, aber noch nicht wiederhergestellte Erinnerungen zugreifen? Diese neurowissenschaftliche Untersuchung stellt die Frage, wie Erinnerungen gespeichert und wiederhergestellt werden. Sie wirft jedoch ethische Fragen auf, wie weit wir sie als maschinenlesbar akzeptieren sollten.

Forschungen haben gezeigt, dass Gehirnimpulse aus verschiedenen Regionen fein abgestimmte Informationen preisgeben können. Neurologische Aufzeichnungen können Motorpläne, visuelle Bilder, Wahrnehmungen wie Gesichter (Chang und Tsao 2017), Sprache (Akbari et al. 2018), Entscheidungen, Absichten, markante Orte und Stimmungen (Haynes et al. 2007; Kay et al. 2008; Roelfsema et al. 2018, S. 13; Sani et al. 2018) vorhersagen. Aktuelle Forschungstechnologien können auch mentale Bilder entschlüsseln. Identifikationsalgorithmen, die auf fMRT-Daten basieren, können ein Bild eines Versuchsteilnehmers aus einer bekannten Sammlung auswählen. Bei diesen Experimenten wurde eine Genauigkeit von über 90% erreicht (Kay et al. 2008). Die Vorstellung von mentaler Privatsphäre wird durch diese Art von Aktivitäten sicherlich herausgefordert. Gehirnmessungen scheinen geistige Inhalte preiszugeben. Dies bedeutet, dass jemand glauben kann, exklusiven und privilegierten Zugriff auf seine Gedanken zu haben, aber falsch liegen kann (Eickhoff und Langner 2019; Farah et al. 2009; siehe Mecacci und Haselager 2019).

Wenn wir uns auf das Gedankenlesen als Referenzpunkt für ethische Bedenken im Zusammenhang mit Neurotechnologie konzentrieren möchten, können wir uns fragen, ob die hier erwähnten Technologien und Techniken tatsächlich Gedankenlesen ermöglichen. Wir wären gezwungen zu antworten: nicht genau. In Bezug auf die Ansätze zur Identifizierung von mentalen Bildern beispielsweise basiert das experimentelle Protokoll auf einem modellierten rezeptiven Feld und Aktivierungsdaten für Bildersets. Die aus den fMRT-Daten decodierten Bilder werden aus einer bekannten Liste ausgewählt und als übereinstimmende Datenmuster dargestellt. Dies ist detaillierte und interessante Arbeit, die viel darüber aufklärt, wie visuelle Darstellungen im visuellen System funktionieren. Es ist jedoch nicht der Fall, dass ein Gerät in einer unkontrollierten Umgebung die visuelle Erfahrung einer bestimmten Person rekonstruieren kann.

Bei dem rechtlichen Beispiel kann gesagt werden, dass die Techniken eine genaue Aufmerksamkeit für spezifische neuronale Aktivität in bestimmten Kontexten erfordern. Eine Erinnerung kann nicht einfach "gelesen" werden, wie man einen Satz auf einer Seite liest. Diese Art von Gedächtniserkennung nutzt Verbindungen zwischen bekannten Reizen und hervorgerufenen neuralen Signalen, um Rückschlüsse auf vergangene Erfahrungen oder Wahrnehmungen eines Subjekts zu ziehen, wie z.B. die Erkennung eines bestimmten Bildes. Wenn mein Gehirn beispielsweise auf eine Tatortdarstellung reagiert, indem es eine Reaktion zeigt, die mit Vertrautheit verbunden ist, kann dies darauf hinweisen, dass ich dort gewesen bin.

Es gibt hier natürlich Risiken und das Potenzial für falschpositive Ergebnisse. Es scheint jedoch ebenso klar zu sein, dass die Vorstellung, auf den tatsächlichen Inhalt des Gedächtnisses zugreifen zu können oder eine Reihe von Erinnerungen herunterzuladen, nicht aufkommt. Dies bedeutet jedoch nicht, dass keine ethischen Probleme auftreten. Wenn eine Praxis als Gedankenlesen angesehen werden könnte, sollten wir uns nicht zu sehr damit begnügen, "echtes" Gedankenlesen aufgrund einer technischen Fragestellung auszuschließen. Ein Ansatz, der auf ethischen und sozio-politischen Realitäten beruht, ist erforderlich, um mit den Möglichkeiten für pseudo-Gedankenlesen umzugehen, bei denen Menschen schlechten Praktiken zum Opfer fallen können.

Neurotechnologien geben aufgrund ihrer Prämisse, dass der Geist zur Ansicht freigelegt werden kann, Anlass zu einer Reihe ethischer Dilemmata, nicht zuletzt zur potenziellen Verletzung der mentalen Privatsphäre einer Person. Bedenken hinsichtlich der Reduzierung mentaler Zustände auf Sammlungen von Gehirndaten sind mit dieser Frage ebenfalls verbunden. Bevor wir auf die funktionalen Bedenken eingehen, die sich aus der Anwendung dieser Technologie ergeben, ist es wichtig, etwas Hintergrundwissen darüber zu haben, wie Neurotechnologie in der Regel präsentiert wird.

Cyberlink, der Neural Impulse Actuator, Enobio, EPOC und Mindset sind nur einige Beispiele für die vielen Gehirn-Computer-Schnittstellen (BCIs), die derzeit auf dem Markt erhältlich sind (Gnanayutham und Good 2011). Die Zukunft dieser Technologien und ihre möglichen Anwendungen sind faszinierend (Mégevand, 2014). Dennoch müssen die Behauptungen über die Technologie auf ihre Plausibilität überprüft werden.

Obwohl es in der Theorie einfach ist, Gehirnimpulse zu erkennen, ist es weitaus schwieriger, sie zu identifizieren (Bashashati et al. 2007). Die Entwicklung besserer Methoden zur Detektion und Aufzeichnung ist ein Hauptaugenmerk der aktuellen Forschung. Die Chancen, erfolgreich erfasste Gehirnsignale zu erkennen, sollten sich dadurch verbessern. Gedankenlesen beruht stark auf der Identifizierung, da die aufgefangenen Signale eine Verbindung zu einem geistigen Zustand einer Person haben müssen. Ethische Überlegungen spielen ebenfalls eine Rolle, nicht zuletzt aufgrund der Möglichkeit, geistige Zustände aufgrund falsch verarbeiteter Gehirnaufzeichnungen oder aufgrund der Verschleierung der wahren Natur der Aufzeichnung selbst falsch zu identifizieren.

Es wurde eine Hierarchie von Gehirnsignalarten identifiziert. Die Bereiche des Gehirns, die für die Aufzeichnung verwendet werden, können in verschiedene funktionale Kategorien unterteilt werden. Es ist wahrscheinlich, dass unsere bewusste Aktivität relativ objektiv klassifiziert werden kann, da bestimmte Arten von Signalen in bestimmten Regionen "hinter" dieser Aktivität stehen. Es wurden Behauptungen über die oben genannten Technologien aufgestellt, dass sie "Ideen erfassen", "Bilder aus Gehirnsignalen identifizieren" und "verborgene Absichten lesen" können. Daher legen zumindest bestimmte Paradigmen der Neurotechnologieentwicklung nahe, dass dies der Fall ist (Haynes et al. 2007; Kay et al. 2008). Mit anderen Worten, diese Argumente legen nahe, dass die Aufmerksamkeit auf Gehirnsignale der Schlüssel zum Verständnis dessen ist, was tatsächlich im Kopf einer Person vor sich geht.

Man könnte argumentieren, dass dies ein Beispiel für Übertreibung ist. Wenn man versucht, die Bedeutung der Gedanken einer Person aus ihrer messbaren Gehirnaktivität abzuleiten, scheint es, dass wesentlich mehr Daten benötigt werden. Die von Yukiyasu

Kamitani durchgeführte Forschung zum "Decodieren" von Trauminhalten beispielsweise verwendete fMRT-Daten, um den Trauminhalt zu "entschlüsseln". Die Medien stellten diese Studie jedoch so dar, als ob die Forscher lediglich die Träume der Personen aufzeichneten, während sie schliefen (Akst 2013; Revell 2018). Um eine bescheidene Anzahl von geträumten Gegenständen zu kategorisieren, waren zwischen 30 und 45 Stunden Interviewzeit pro Teilnehmer erforderlich. Ein Gedanke an das Gehirn, um einen Traum zu entschlüsseln, kann bemerkenswerte neurologische Experimente darstellen, aber es ist viel mehr. Durch die Fokussierung auf verbale Aussagen über die Erfahrung geistiger Zustände ist das Interview eine interessante Ergänzung zur Aufzeichnung von Gehirnsignalen.

Vielleicht ist es etwas weit hergeholt anzunehmen, dass Facebook oder Microsoft an einem Gerät arbeiten, mit dem Menschen Computer mit ihren Gedanken oder Vorstellungen steuern können (Forrest 2017; Solon 2017; Sulleyman 2018). Trotz der weit verbreiteten Verwendung des Begriffs "Neurotechnologie" zur Beschreibung einer Vielzahl von Verbraucherprodukten ist es äußerst unwahrscheinlich, dass diese Produkte tatsächlich funktionieren, indem sie Gehirnsignale erkennen und aufzeichnen (Wexler und Thibault 2018). Wahrscheinlich werden diese Geräte in der Lage sein, die elektrische Aktivität in den Gesichtsmuskeln zu lesen, wo die Signale etwa 200-mal stärker sind als im Gehirn und die Elektroden auch deutlich näher am Muskelgewebe liegen. Die Verwendung eines solchen Geräts für eine Aufgabe wie das Tippen würde wahrscheinlich die kleinen Bewegungen nutzen, die beim Nachdenken über einzelne Wörter und Sätze entstehen. Die Wörter werden mit der Aktivierung der Muskeln, die verwendet werden, um sie auszusprechen, abgeglichen, damit sie in ein Tipp-Programm übersetzt werden können. Dies ist tatsächlich die Funktionsweise des Google 'AlterEgo' (Kapur et al. 2018; Whyte 2018).

Übertriebene Versprechen sind unethisch, weil sie unrealistische Erwartungen wecken und dazu führen, dass Menschen das Vertrauen in Neurotechnologien verlieren, die am Ende ihren Versprechungen nicht gerecht werden. Die Grundlage dafür ist eine falsche Darstellung der Funktionsweise eines Geräts und des Potenzials der zugrunde liegenden Technologie. Dies hat moralische Auswirkungen, da es um die Notwendigkeit der Zustimmung des Benutzers geht, bevor ein Gerät verwendet werden kann. Bei einer solchen Fehldarstellung könnte es erforderlich sein, neu zu bewerten, wie wir über die mögliche Übernahme und Verwendung von Geräten durch Versuchsteilnehmer und Verbraucher denken.

Indem wir von der Entschlüsselung von Träumen ausgehen, können wir sehen, dass die objektive Aufzeichnung von Gehirnimpulsen eine erfahrungsbezogene Dimension vermissen lässt und daher als Beschreibung eines geistigen Zustands unzureichend ist. Unsere Gedanken finden in einer mentalen Vorstellung der Welt statt, wie sie aus unserer eigenen Perspektive gesehen wird. Beobachtungen von Gehirnsignalen allein können dieses Paradigma nicht universell anwenden. Nur durch umfangreiches Training unter strengen Forschungsbedingungen können bestimmte Aspekte dieses Modells mit begrenzter Vorhersagbarkeit abgeleitet werden. Die subjektive Perspektive des Geistes könnte verloren gehen, wenn Gehirnimpulse objektiv erfasst würden.

Bedenken über die Reduzierung des Geistes auf eine Sammlung von Gehirndaten ergeben sich hier aus einer ethischen Perspektive. Es besteht ausreichend Raum für Diskussionen über "mentale" Begriffe neben ihren "neurowissenschaftlichen"

Gegenstücken (und umgekehrt). Es ist unklar, wie sich diese beiden Arten von Begriffen zu den in der Natur vorkommenden Arten verhalten (Churchland 1989). Daher ist es bei jeder Untersuchung der Beziehung zwischen Gehirn und Geist wichtig, die Frage der umfassenden Interpretation im Hinterkopf zu behalten. Hier ist das hypothetische Gerät namens "Cerebroskop" ein nützliches Werkzeug, um diesen Punkt zu betonen.

In der Theorie könnte das Cerebroskop die Aktivität jedes einzelnen Neurons im Gehirn millisekundengenau erfassen. Die Frage ist nun, ob wir auf der Grundlage dieser umfassenden Karte der Gehirnaktivität eine Repräsentation des Geistes haben. Eine millisekundengenaue Auflösung der neuronalen Aktivität ist nach Steven Rose sinnlos, ohne ein vollständiges Bild des Ursprungs dieser aktiven Neuronen und ihrer Verbindungen aufgrund der dynamischen und flexiblen Natur des Gehirns zu haben.

Bei der Betrachtung des Gedankenlesens ist es wichtig, Vorsicht walten zu lassen und über diese Art von Schwierigkeiten nachzudenken. Eine Möglichkeit, den Geist zu betrachten, besteht darin, ihn als einen Raum zu betrachten, den ein hypothetischer Gedankenleser betreten könnte, um seinen Inhalt zu untersuchen. Andererseits impliziert Stevens Roses Argument eine stärker situierte Vorstellung von Geist, der von seinem Ursprung und seinem gegenwärtigen Zustand abhängt. Das ist der Punkt: Selbst wenn man auf irgendeine Weise die Gedanken einer anderen Person wahrnehmen könnte, würde es immer noch nur als ein subjektiver Gedanke betrachtet werden, nicht als ein objektiver Gedanke, der von einer anderen Person gehalten wird.

In Mecacci und Haselager (2019) werden mehrere philosophische Konzepte in Bezug auf die Abgeschlossenheit des "Mentalen" diskutiert. Sie erläutern, wie der Perspektivismus von A.

J. Ayer die Privatsphäre des Geistes und seiner Inhalte priorisiert, unter anderem. Wenn man diesen Ansatz verfolgt, können Gedanken nicht gelesen werden, da sie nicht als Objekte in einem offenen mentalen Raum, sondern als private Inhalte des Geistes einer Einzelperson erscheinen, was das Gedankenlesen ausschließt.

Unverantwortliche Darstellungen von Technologie und Vereinfachung von Problemen scheinen jedoch ethisch bedeutende Faktoren zu sein. Bei einer tieferen Untersuchung zeigt sich, dass sie zu einer breiteren Palette ethischer Bedenken im Zusammenhang mit Neurotechnologie beitragen. Die Freiheit des Denkens kann in Situationen, in denen die psychische Abgeschiedenheit einer Person verletzt wird, beeinträchtigt werden. Das Konzept der "kognitiven Freiheit" umfasst das Recht, seine eigenen Gedanken ohne Einmischung zu denken (Sententia 2006). Die Bereiche Recht, Psychologie und Neuroenhancement befassen sich häufig mit dieser Idee (Boire 2001). In Bezug auf das Risiko der Offenlegung privater Gedanken ist es in diesem Kontext besonders relevant.

Wenn das Recht auf mentale Abgeschiedenheit in Frage steht, fühlt sich eine Person möglicherweise nicht sicher, sich ihren Gedanken hinzugeben. Die Neurophysiologie könnte als potenzielle Informationsquelle über die Natur des Geistes angesehen werden, wenn Messungen der Gehirnaktivität (korrekt oder inkorrekt) zur Offenlegung geistiger Inhalte gesammelt werden. Dies würde die langjährigen Überzeugungen darüber in Frage stellen, dass jede Einzelperson exklusiven und uneingeschränkten Zugang zu ihren eigenen Gedanken hat. Wenn ein engagierter Tagebuchschreiber herausfinden würde, dass seine Einträge von jemand anderem eingesehen werden könnten, könnte er in seinem Schreiben weniger ehrlich und offen sein. Wie könnte jemand verhindern, dass er offene und ehrliche Gedanken hat, wenn er wüsste, dass Messungen seines Gehirns jeglichen geistigen Inhalt enthüllen könnten? Dies würde einer beunruhigenden Verzerrung konventioneller Denkmuster gleichkommen.

Auch das Konzept des Selbst ist angesichts dieser beunruhigenden Möglichkeit in Gefahr. Es ist nicht sicher, dass man sich in einer Gesellschaft frei fühlen würde, über Überzeugungen, Entscheidungen oder Vorschläge nachzudenken, ohne die Angst vor Konsequenzen, wenn die Privatsphäre des Geistes gefährdet ist. Wenn der Inhalt der Gedanken einer Person aus ihren entsprechenden Gehirnaktivitäten abgeleitet werden könnte, könnten sogar die Überlegungen ethisch fragwürdiger Ideen - auch nur, um Strategien zu ihrer Ablehnung zu entwickeln - gefährlich werden. Wenn man mit Technologie konfrontiert wird, die angeblich Gedanken lesen kann, könnte sie ethische Probleme aufwerfen, indem sie den Geist transparent erscheinen lässt.

Die Fähigkeit, selbst zu denken und entsprechend fundierten Überzeugungen zu handeln, ist ein wesentlicher Teil des Menschseins. Dies könnte darauf hinweisen, dass wir über Dinge nachdenken wollen, die wir nicht tun würden, Möglichkeiten erkunden möchten, die wir lieber vermeiden würden, oder etwas anderes Absurdes tun möchten. Eine solche introspektive Praxis kann gefährdet sein, wenn wir uns in einer Gesellschaft befinden, die die Gedanken einer Person behandelt, als wären sie für alle sichtbar. Dies könnte insbesondere in Fällen, in denen angenommen wird, dass geistige Daten eine ehrlichere und unvoreingenommenere Beschreibung liefern können als mündliche Zeugenaussagen, auf das zugrunde liegende Konzept, das in dem zuvor genannten Szenario "schuldhaftes Wissen" zugrunde liegt, ausgeweitet werden. Das Potenzial für eine extrem persönliche Überwachung durch Gehirnaufzeichnung kann eine abschreckende Wirkung auf den Akt des Denkens selbst haben.

Ein Teil der Freiheit der Entscheidungsfähigkeit und der genauen Darstellung einer Person besteht darin, ihre eigenen Gedanken, Ideen und Überlegungen in Handlungen umzusetzen. Was die Handlungen einer Person wirklich einzigartig macht, ist die Möglichkeit, solche Dinge auf irgendeine Weise zum Ausdruck zu bringen, sei es auch nur indirekt. Eine realistischere Darstellung einer Person würde nicht unbedingt daraus resultieren, dass man sich vorstellt, dass eine Gedankenlesetechnologie durch die Vermittlung hindurch direkten Zugang zu geistigen Inhalten hat. Sie würde auch keine überzeugendere Rechtfertigung für ihre Handlungen bieten als die, die sie freiwillig anbieten würden. Die Fähigkeit, frei und ohne Unterbrechung zu denken, ist für diesen Prozess entscheidend. Das Recht auf kognitive Freiheit, wie es Nita Farahany ausdrückt (Farahany 2018).

Die Unabhängigkeit und Substanz für das eigene Handeln zu haben, ist wichtig, und die Privatsphäre des Nachdenkens ist unerlässlich. Es gibt etwas Wahres an der Vorstellung, dass das äußere Verhalten einer Person als Stellvertreter für ihr inneres geistiges Leben dienen kann. Es ist in der Regel leicht erkennbar, ob jemand widerwillig eine Aufgabe erledigt oder ob er sie mit ganzer Hingabe liebt. Das indirekte Beurteilen des geistigen Zustands einer Person basierend auf ihrem Verhalten ist ein häufiges, fehlbares und etabliertes zwischenmenschliches Verhalten. Die Vorstellung, dass eine abschließende Charakterisierung einer Einstellung durch die Verwendung objektiver Beweise erreicht werden kann, ist jedoch schädlich für die individuelle Handlungsfähigkeit. Das Ergreifen einer Handlung erfordert das Abwägen von Vor- und Nachteilen mehrerer Optionen. Es ist offensichtlich, dass jede Behauptung über den geistigen Zustand einer anderen Person nach der Verwendung einer Gedankenlesetechnologie auf einer Verzerrung der Realität beruhen würde. Dies würde jedoch die Komplexität der Aktivität dieser Person verringern, als ob sie nichts mehr als das Ergebnis eines einfachen neurologischen Prozesses wäre.

Dies erinnert an die Diskussion über die Dekontextualisierung von Gehirndaten im Beispiel des Cerebroskops. Außerhalb eines narrativen Kontextes mögen die dargestellten Signale nicht viel Sinn ergeben. Sie könnten ein ungenaues Bild der aufgezeichneten Person vermitteln. Dieser theoretische Schluss scheint durch die Ergebnisse des Traumlese-Experiments unterstützt zu werden, bei dem eine detaillierte Zeugenaussage eine zentrale Rolle spielte.

Allgemeiner ist es wichtig, über die Funktion von Gedankenlesegeräten zu sprechen. Wenn jemand zum Beispiel einen Gipsverband am gebrochenen Arm trägt, gibt dies Informationen über den körperlichen Zustand des Trägers preis. Dies ist jedoch keine große Ursache zur Besorgnis, da niemand davon profitieren würde, solche Informationen "zu stehlen". Bei der Neuroprofilerstellung kann es jedoch zu einer potenziellen Fehlnutzung der geistigen Zustände, Entscheidungen und Vorlieben einer Person kommen, die durch Neurotechnologie abgeleitet werden können. Solange es möglich ist, dass die Ideen einer Person aufgrund einer Technologie falsch verstanden werden können, bleiben moralische Bedenken bestehen. Diese Möglichkeiten nehmen zu, wenn Neurotechnologie als "Gedankenlesetechnologie" vermarktet wird, da sie in Situationen eingesetzt werden kann, in denen dies nicht unbedingt erforderlich ist. Dadurch entstehen Bedenken hinsichtlich der möglichen Anwendungen und Benutzer der Technologie. Angesichts der breiten Palette von Technologien, Menschen, Absichten und Einsätzen ist das Bild komplex.

Die globale Aufzeichnung neuronaler Aktivität kann weitreichende soziale und politische Folgen haben. Es ist möglich, genaue Schlüsse über die privaten, persönlichen Eigenschaften einer Person aus diesen Aufzeichnungen zu ziehen. Diese Informationen wären für diejenigen, die darauf zugreifen können, von unschätzbarem Wert. Wenn beispielsweise das geplante Gehirn-Computer-Interface von Facebook umgesetzt würde, würde es nicht nur Gehirnsignale erfassen und interpretieren, sondern die daraus resultierenden Daten auch mit umfangreichen Aktivitäten in sozialen Medien verknüpfen (Robertson 2019). Dies wäre ein unschätzbares Gut, das bisher unbekannte Zusammenhänge zwischen offenem Verhalten und geistiger Verarbeitung offenbart. Eine eingehende Neuroprofilerstellung wie diese würde als der ehrlichste und persönlichste Blick auf das Leben einer Person angesehen werden. Es ist möglich, dass dies nicht nur zu individueller Manipulation, sondern auch zu sozialen und politischen Schäden führen kann, ähnlich wie die Skandale um das Mikrotargeting von Facebook und Cambridge Analytica (Cadwalladr und Graham-Harrison 2018).

Datenbanken, die Informationen aus dem Gehirn mit Informationen aus dem Körper kombinieren, bergen erhebliche Risiken für die persönliche Privatsphäre und andere Dimensionen der menschlichen Würde. Sie laufen Gefahr, Einzelpersonen und Gruppen durch die ermöglichte Profilbildung zu marginalisieren und gleichzeitig die Solidarität zwischen Gruppen mit sehr unterschiedlicher Zusammensetzung zu schwächen. Dies geschah bereits vor der Brexit-Abstimmung, basierte auf verdecktem psychometrischem Screening und hat lang anhaltenden sozialen Schaden verursacht (Collins et al. 2019; Del Vicario et al. 2017; Howard und Kollanyi 2016). Die Möglichkeit, Botschaften spezifisch auf einzelne Personen oder Gruppen basierend auf neurologischen Daten anzupassen, würde einen ganz neuen Bereich datengetriebenen Marketings und der Politik ermöglichen und subtilere und potenziell subtilere Formen des Einflusses ermöglichen (Ienca et al. 2018; Kellmeyer 2018).

Diese Bedenken beziehen sich nicht darauf, Gedanken lesen zu können, sondern auf die Nebenwirkungen einer weit verbreiteten Anwendung von Neurotechnologie. Nichtsdestotrotz scheint Gedankenlesen zumindest in begrenztem Umfang theoretisch möglich zu sein, zumindest aufgrund des vorliegenden Falles. Sobald wir dieses Beispiel analysiert haben, sind wir in einer guten Position, um die breiteren ethischen Fragen zu bewerten, die sich aus der Anwendung dieser Technologie ergeben, einschließlich solcher, bei denen Gedankenlesen nicht die primäre Wirkung ist und solchen, bei denen es sehr wahrscheinlich ist.

Gehirn-Malware

Eine außergewöhnliche Bedrohung erfordert eine außergewöhnliche Reaktion. Gehirn-Malware! Sie haben es richtig gelesen. Stellen Sie sich vor, völlig vor allen Menschen entblößt zu sein, die Sie lieben und hassen, alle, die Sie kennen und alle, die Sie nicht kennen, sowohl Freunde als auch Feinde. Stellen Sie sich vor, dass jede Idee, die Sie haben, der Welt offenbart wird, einschließlich Ihrer dunkelsten Geheimnisse wie sexuelle Vorlieben und Orientierung, Vorlieben und Abneigungen, Falschheiten und Wahrheiten und jeder anderen Gedanken, die Sie mit ins Grab nehmen möchten. Schrecklich! Nicht wahr? Hier diskutieren wir nicht über einen futuristischen Science-Fiction-Film, sondern über ein hochmodernes Gerät, das in Ihr Gehirn eindringen und Ihre Gedanken aufzeichnen kann. Experten fordern einen Rahmen für Privatsphäre und Sicherheit, um unsere Gedanken und persönlichen Informationen zu schützen, bevor es seine endgültige Form annimmt und breit im Verbrauchermarkt eingesetzt wird, da es zu einer ernsthaften Sorge um die Privatsphäre wird.

Bevor Sie lächerliche Annahmen treffen, möchte ich Ihnen versichern, dass die Malware nicht in Ihren Kopf implantiert wird, sondern, wie jede andere Malware, Ihre Geräte und Gadgets infizieren wird.

Das BCI-Gerät, nicht die App oder das Spiel, ist die Ursache des Problems. Tatsächlich ist die Verwendung von BCI in Apps oder Videospielen notwendig, um das Benutzererlebnis zu verbessern oder freihändiges Spielen zu ermöglichen. Das zugrunde liegende Problem besteht jedoch darin, dass jedes von Ihnen generierte Gehirnsignal erheblich mehr Daten enthält als das, was die App oder das Spiel tatsächlich benötigt, und dass Hacker Ihr Smartphone mit Malware infizieren würden, um diese Daten auszunutzen. Es gibt mehrere Möglichkeiten, wie die gestohlenen Informationen gegen Sie verwendet werden können, einschließlich Nötigung, Manipulation und Bloßstellung. Sogar ein Lösegeld kann von den Verbrechern gefordert werden. Es wäre dasselbe, als ob Ransomware auf Ihrem Kopf installiert würde. Diese Methode kann von jedem angewendet werden, der in Ihren Geist eindringen möchte, nicht nur von Cyberkriminellen. Eine solche Technologie kann auch von Regierung und Polizei verwendet werden, die derzeit für die Überwachung von Personen berüchtigt sind, um Ihre Rechte gemäß dem vierten Verfassungszusatz zu verletzen. Tatsächlich könnte sie zu einer technologischen und kulturellen Revolution in der Art und Weise führen, wie Umfragen durchgeführt werden. Welches Umfrageunternehmen würde sich nicht über eine Technologie freuen, die es ihnen ermöglicht, leicht große Mengen an Daten über eine Person auf dem Markt zu verkaufen und Millionen zu verdienen?

Noch nie war die Bedrohung unserer Privatsphäre so groß. Eine außergewöhnliche Sicherheitsreaktion auf technischer und politischer Ebene wäre notwendig, um einer Bedrohung dieser Größenord

nung entgegenzuwirken.

Forscher der University of Washington haben die Idee eines "BCI-Anonymisierers" vorgeschlagen. Signale würden effektiv "gefiltert", sodass Apps nur die benötigten Informationen erhalten. Laut den Forschern verhindert der BCI-Anonymisierer ungewolltes Informationsleck, indem er niemals rohe Gehirnsignale oder Signalbestandteile überträgt oder speichert, die für die BCI-Kommunikation und -Steuerung nicht spezifisch erforderlich sind.

Um eine perfekte Sicherheit zu gewährleisten, müssen Sicherheitsexperten außerdem den Geräteschutz verbessern. Antivirensoftware ist nicht mehr ausreichend, daher müsste es einen bahnbrechenden Fortschritt in der Endpunktsicherheit, der neuesten Entwicklung im Bereich der Gerätesicherheit, geben. Für eine undurchdringliche Verteidigung müsste ein spezialisierter Anti-Gehirn-Malware-Sicherheitsparadigma geschaffen werden.

Um persönliche Informationen zu schützen, müssten die Datenschutzrichtlinien von Apps auf politischer Ebene aktualisiert werden. Jede Regierung müsste auch Normen und Richtlinien für den effektiven BCI-Anonymisierer des Geräts festlegen. Es wäre auch notwendig, die technischen Anforderungen für den Anonymisierer festzulegen. Da die Produktion heutzutage nicht regional begrenzt ist, müsste es für diese Standards eine weltweite Anerkennung geben, um international akzeptiert zu werden. Dies würde außerdem WTO-Verhandlungen mit einer einzigartigen Klausel zu "Technischen Handelshemmnissen" erfordern.

Die Bedrohung ist ernsthaft und real. Um die Gehirn-Malware zu stoppen, muss die gesamte Sicherheitsgemeinschaft, einschließlich der Regierung, eine proaktive Diskussion starten.

Kapitel Neun

Die Gehirnspionage der Regierung

Werden Regierungsbehörden irgendwann Zugriff auf unsere Gedanken haben? Stellen Sie sich eine Welt vor, in der die Regierung Zugang zu Ihren innersten Gedanken hat. Dieses Szenario mag wie etwas aus einem Science-Fiction-Buch klingen, ist aber tatsächlich gar nicht so abwegig.

Derzeit gibt es Geräte, die Dinge wie Müdigkeit am Steuer erkennen können, indem sie elektrische Impulse aus dem Gehirn messen und analysieren. Professorin für Recht und Philosophie an der Duke University, Nita A. Farahany, untersucht in einem Video für das Weltwirtschaftsforum die Möglichkeiten, aber auch die rechtlichen und ethischen Risiken dieser sich entwickelnden Technologien. Sie erklärt, dass wir noch nicht ganz so weit sind, aber bald in der Lage sein werden, "eine kleine Denkblase über Ihrem Kopf" zu "sehen".

Mit anderen Worten: "Die NSA und andere Gruppen können möglicherweise bald in Ihren Geist eindringen, zusätzlich zu Ihren E-Mails und Handys." Wir haben einen Punkt erreicht, an dem wir fMRT verwenden können, um das Gehirn einer Person zu scannen, die Muster, die wir finden, entschlüsseln und dieses Wissen nutzen können, um "Gedanken zu lesen" oder die Erfahrung einer Person vorherzusagen. Als Beispiel wurde in einer Veröffentlichung aus dem Jahr 2011 von der Gallant Lab an der University of California, Berkeley gezeigt, dass es möglich ist, anhand der

Aufzeichnungen von Teilnehmern beim Anschauen einer Reihe von Filmen festzustellen, welche visuellen Merkmale verschiedene Bereiche des Gehirns kodieren. Das Modell kann dann Ihre Gehirnaktivität nutzen, um Vorhersagen darüber zu treffen, was Sie in einem neuen Film betrachten.

Dennoch gibt es auch Nachteile bei dieser Art des "Gedankenlesens". Die Rekonstruktion ist grob, sie funktioniert schlecht bei abstrakten oder ungewöhnlichen Reizen, und es sind wiederholte Scans jedes Probanden erforderlich, um das Modell an das Gehirn dieser Person anzupassen. Obwohl ein fMRT eine geringe visuelle und zeitliche Auflösung hat und die Gehirnaktivität indirekt erfasst, zeigt unser Experiment, dass uns das nicht daran hindert, Modelle zu entwickeln, die Gehirnaktivität nutzen, um dynamisches bewusstes Erleben vorherzusagen. Auch in anderen Bereichen gibt es Labore, die Fortschritte machen; zum Beispiel haben Chang und Kollegen erfolgreich den auditorischen Kortex dekodiert, um die individuellen Phrasen der Teilnehmer wiederherzustellen.

Mit Blick auf diese Technologie ergeben sich zahlreiche ethische und technologische Probleme. Werden wir mit diesen Methoden in der Lage sein, die Gedanken einer Person zu lesen, oder bleiben sie auf den Bereich der Wahrnehmung beschränkt? Ist es möglich, sie zu einem unfehlbaren Lügendetektor zu machen (oder zumindest um Größenordnungen genauer als den Polygraphen)? Welche Schutzmaßnahmen könnten wir ergreifen, um sicherzustellen, dass die potenziellen Vorteile nicht durch Missbrauch überwiegt werden?

Wie können wir verantwortungsbewussten Einsatz sicherstellen, selbst wenn wir zu dem Schluss kommen, dass einige dieser Anwendungen Potenzial haben? Wer übernimmt die Verantwortung dafür, dass alle diese Informationen sicher aufbewahrt und ausschließlich für den beabsichtigten Zweck verwendet werden?

Aufgrund menschlicher Fehlerhaftigkeit können solche Werkzeuge nur begrenzt eingesetzt werden. Studien in der Psychologie haben immer wieder gezeigt, dass Erinnerungen verändert werden können und Selbstvertrauen kein zuverlässiger Indikator für Genauigkeit ist. Es kann keine Gewähr dafür gegeben werden, dass etwas wahr ist, nur weil eine Person daran glaubt und ein Lügendetektor es bestätigt.

Mit der Weiterentwicklung der Technologie ist es entscheidend, dass wir die Öffentlichkeit über das informieren, was jetzt möglich ist, einen offenen Dialog über diese herausfordernden Fragen führen und sicherstellen, dass unsere Gesetze die von uns angestrebten Freiheiten schützen. Die Freiheit des Denkens steht an einem Scheideweg. Fortschritte in Technologie und Psychologie könnten genutzt werden, um originelles Denken zu fördern. Sie haben das Potenzial, unsere Privatsphäre zu schützen, unsere vorgefassten Vorstellungen zu verringern und neue Denkansätze zu eröffnen. Doch Regierungen und Unternehmen formen diese Entwicklungen zu Waffen, die darauf abzielen, unsere Fähigkeit zum freien Denken einzuschränken.

Die Fähigkeit zum freien Denken zu verlieren wäre wie ein Verlust dessen, was uns menschlich macht. Tiere und Menschen haben ähnliche emotionale Grundlagen. Dennoch sind wir die einzigen, die einen Schritt zurücktreten und uns fragen können: "Will ich wütend sein?", "Will ich diese Person sein?" und "Könnte ich nicht besser sein?"

Die Gedanken, Gefühle und Wünsche, die in uns aufkommen, bieten eine Gelegenheit zur Selbstreflexion, die es uns ermöglicht zu bestimmen, ob sie mit unseren Zielen, Prinzipien und Hoffnungen im Einklang stehen. Wenn wir uns alle einig sind, dann können wir Anspruch auf sie erheben. Dann werden wir wir selbst sein können.

Andererseits könnten wir feststellen, dass nicht alle unsere Gedanken das Ergebnis unserer eigenen Willensentscheidung sind. Sobald Sie sich hinsetzen, um zu arbeiten, kommt Ihnen der Gedanke "Schau auf Facebook!" in den Sinn. Wenn dem so ist, haben Sie daran gedacht, oder hat Mark Zuckerberg es?

Die Meinungsfreiheit ist für das menschliche Gedeihen unerlässlich, weil sie Respekt fördert, die Demokratie stärkt und unsere Individualität offenbart. Den ersten Schritt zum Schutz dieser Freiheit besteht darin, ihre Gegner zu erkennen. Die erste Gefahr geht von den jüngsten psychologischen Entwicklungen aus. Durch Studien haben Forscher neue Erkenntnisse darüber gewonnen, welche Faktoren unsere geistigen Prozesse und die Entscheidungen, die wir im Leben treffen, beeinflussen.

Diese Informationen werden von Regierungen und Unternehmen genutzt, um unsere Gedanken und Handlungen zu manipulieren. Mögliche Alternativen zu unseren Entscheidungen werden präsentiert. Unternehmen nutzen diese Informationen, um Verbraucher dazu zu bringen, mehr Geld für Dinge wie Glücksspiel, Einkaufen und soziale Netzwerke auszugeben. Sie könnten sogar das Ergebnis von Wahlen beeinflussen.

Die Verwendung von maschinellem Lernen auf "Big Data" birgt eine zweite potenzielle Gefahr. Wenn wir persönliche Informationen mit Unternehmen teilen, gewähren wir ihnen Einblicke in unser Leben. Dadurch werden wir anfälliger für Täuschungen, und die Erkenntnis, dass unsere Privatsphäre verletzt wurde, beeinträchtigt unsere Fähigkeit, kreativ zu denken.

Die dritte Gefahr besteht in der sich entwickelnden Fähigkeit, unsere Gedanken durch unsere Gehirnwellen zu lesen. Brain-Computer-Schnittstellen werden derzeit von Facebook, Microsoft und Neuralink entwickelt. Dies könnte letztendlich zu Maschinen führen, die unsere Gedanken lesen können. Mit dieser neuen Fähigkeit, unsere Gedanken zu lesen, entstehen neue Gefahren für unsere persönliche Freiheit.

Technologische und psychologische Fortschritte machen es Regierungen und Unternehmen einfacher, uns in unserem Denken zu verletzen, zu kontrollieren und zu bestrafen. Gibt es etwas, was wir tun können, um die Situation zu verbessern? Freies Denken wird durch internationales Menschenrechtsgesetz geschützt. Doch dieses Recht wird weitgehend missachtet. Es wird selten in rechtlichen Verfahren verwendet. Um uns effektiv zu verteidigen, müssen wir zunächst den Umfang dieses Rechts bestimmen.

Wir müssen es einsetzen, um die Vertraulichkeit privater Gedanken zu schützen. Andernfalls wird der Drang zur Anpassung unsere Fähigkeit, neue Ideen frei zu erkunden und der Wahrheit nachzugehen, ersticken. Mit diesem Recht können wir uns davor schützen, dass unsere Ideen durch Täuschung oder Zwang kontrolliert werden.

Wir sollten es nutzen, um alle Arten intellektueller Forschung zu schützen. Der Geist ist nicht der einzige Ort, an dem wir denken. Manchmal setzen wir Stift auf Papier oder Finger auf die Tastatur, um uns beim Denken zu helfen. Wenn diese Handlungen als "Gedanken" betrachtet werden, sollten sie gemäß dem Prinzip der geistigen Freiheit vollständig vertraulich behandelt werden.

Zu guter Letzt müssen wir von dieser Freiheit Gebrauch machen, um darauf zu bestehen, dass unsere Regierungen

Umgebungen fördern, in denen wir frei sprechen und schreiben können. In diesem Fall ist psychologische Unterstützung hilfreich. Die Regierung hat die Verantwortung, frühzeitig Bildung in Kognitionsforschung für ihre Bevölkerung zu ermöglichen. Sie muss die Gesellschaft so organisieren, dass Menschen frei denken können. Und sie hat die Pflicht, diejenigen, einschließlich Unternehmen, die das Recht auf Gedankenfreiheit verletzen würden, zu stoppen.

Auch Unternehmen müssen ihren Beitrag leisten. Sie sollten die Gedankenfreiheit als politische Verpflichtung erklären. Sie sollten Sorgfaltspflicht walten lassen, um zu prüfen, wie ihre Aktivitäten die Gedankenfreiheit beeinträchtigen könnten. Möglicherweise müssen sie angeben, welche psychologischen Tricks sie einsetzen, um unser Verhalten zu beeinflussen.

Und wir als Menschen müssen uns selbst bilden. Wir müssen Werte des freien Denkens fördern und unterstützen. Wir müssen diejenigen verurteilen, die eine unserer größten Stärken als Spezies, unsere Sozialität, in eine unserer größten Schwächen verwandeln, indem sie sie als Mittel zur Datenextraktion nutzen. Wir müssen mit unseren Füßen und Geldbörsen gegen diejenigen abstimmen, die unsere Gedankenfreiheit verletzen.

All dies setzt voraus, dass wir Gedankenfreiheit wollen. Aber wollen wir das? Viele von uns würden buchstäblich lieber einen Stromschlag erleiden, als still mit unseren Gedanken zu sitzen.

Würden viele von uns auch lieber Regierungen und Unternehmen das Denken für uns übernehmen lassen und uns Vorhersagen und Anstöße servieren, denen wir einfach folgen können? Wären viele von uns bereit, die Gedankenfreiheit einzuschränken, wenn dies zu einer erhöhten Sicherheit führen würde? Wie sehr wollen wir Gedankenfreiheit und was sind wir bereit, dafür zu opfern?

Einfach ausgedrückt: Wollen wir noch immer menschlich sein? Oder sind uns der Schmerz, die Anstrengung und die Verantwortung einer unserer charakteristischen Fähigkeiten, des freien Denkens, zu viel geworden? Wenn dem so ist, ist weder klar, was aus uns werden wird, noch klar, was wir werden.

Ende des fünften Kapitels

Die Freiheit, sich selbst nicht zu belasten oder das Recht auf "Verweigerung der Aussage" (Take the Fifth) ist ein wichtiger Schutz, der den Menschen durch die Verfassung der Vereinigten Staaten garantiert wird. Doch fortschrittliche Technologien könnten es in Zukunft möglicherweise unnötig machen, dass man aussagen muss. Labore arbeiten an revolutionären Technologien, die Gedanken erfassen oder eine telepathische Verbindung ermöglichen können, während aktuelle Geräte lediglich Daten wie Gehirnaktivität erfassen. Es ist sinnvoll, sich bereits jetzt mit diesen Möglichkeiten auseinanderzusetzen, auch wenn es noch lange dauern wird, bis sie Wirklichkeit werden. Im rechtlichen System gibt es einen Trend, private Informationen als Beweismittel zu verwenden. Informationen wie diese könnten sowohl einen Einblick in die Psyche bieten als auch als Hintertür zum Fünften Verfassungszusatz dienen.

Durch die Wiederherstellung der Gehirnfunktion, das Mapping des Gehirns und die Steigerung der kognitiven Leistungsfähigkeit werden Brain-Computer-Interface-Geräte zu einer grundlegenden Behandlung von Erkrankungen des Nervensystems werden. Die Impulse aus dem Gehirn einer Person werden direkt an einen externen Computer übertragen, der dann das Gerät steuert. Es gibt bereits Produkte auf dem Markt, die als BCIs fungieren, wenn auch in eher üblicher Form. Zum Beispiel bietet Muse ein tragbares EEG-Gerät zur Unterstützung der Meditation an. Sowohl Synchrons Stentrode als auch Elon Musks Neuralink, die invasivere Therapien entwickeln, die eine Implantation durch eine

Operation erfordern, zielen darauf ab, die motorischen Fähigkeiten von Personen mit neuromuskulären Erkrankungen wie Lähmungen wiederherzustellen. Synchron wird in die Blutgefäße des Patienten implantiert, während Neuralink eine robotergesteuerte Hirnoperation entwickelt. Die FDA hat beiden Produkten den Status "Durchbruch" gewährt, was bedeutet, dass sie einem vereinfachten Bewertungsverfahren unterzogen werden.

Menschen mit Lähmungen könnten eines Tages in der Lage sein, zu gehen, ihre Arme selbst anzuziehen und verbal zu sprechen, dank Brain-Computer-Interfaces. Sollte sich dieses Szenario abspielen, hätten diese Geräte beispiellosen Zugang zum menschlichen Geist und den Gedanken einzelner Menschen. Studien haben gezeigt, dass synthetische Sprache aus Gehirnaufzeichnungen generiert werden kann, allerdings gibt es viele "Wenns" und die neuronale Daten sind recht ungenau und schwer zu verstehen.

Und wie die Geschichte zeigt, kann medizinischer Fortschritt trotz des Schutzes des Fünften Verfassungszusatzes seinen Weg in das Strafrechtssystem finden. Während es einfach ist, zu erkennen, wenn man sich selbst belastet, solange man noch in der Lage ist, Worte zu formulieren, wird die Situation viel komplizierter, wenn man diese Fähigkeit verloren hat. Wenn die Polizei dich anhält und fragt, ob du getrunken hast, hast du beispielsweise das Recht, die Frage zu verweigern (indem du den Fünften Verfassungszusatz in Anspruch nimmst). Obwohl ein Fahrsicherheitstest und Blutproben als Beweismittel gegen dich wirken können, schützt dich der Fünfte Verfassungszusatz nicht davor, sie bereitzustellen. In mehreren Bundesstaaten wird eine Weigerung, einen solchen Test abzulegen, als Schuldeingeständnis angesehen. Heutzutage wurde dieser Denkansatz auch auf das Thema Entsperrung von Mobiltelefonen ausgeweitet. Während du in den meisten Teilen der Vereinigten

Staaten nicht gezwungen werden könntest, dein Passwort preiszugeben, um dein Telefon zu nutzen, müsstest du in vielen Orten biometrische Informationen wie Fingerabdrücke oder einen Gesichtsscan verwenden. Warum? Vor Gericht wurde argumentiert, dass dies einem zurückgelassenen Fingerabdruck oder einer Blutprobe gleichkommt. In diesem Fall kommt es auf dein Fachwissen und deine Ressourcen an. Mit dem Fortschreiten der Technologie könnte diese Unterscheidung jedoch immer unklarer werden.

Für einige ist die Idee, mit einem Fingerabdruck ein Telefon zu entsperren, viel aufdringlicher als die Vorstellung, einen lange vergessenen Fingerabdruck zu entdecken. Die Schaffung leistungsstarker Technologien zum Zugriff auf gesicherte Geräte, die Kriminelle genauso leicht ausnutzen können wie Strafverfolgungsbehörden, könnte erfolgen, wenn wir keinen Raum für den Zugang zu dem Gerät in irgendeiner Form bieten. Das FBI hatte einen Durchsuchungsbefehl, um auf das iPhone des verstorbenen Verdächtigen nach den Schüssen in San Bernardino 2015 zuzugreifen, aber sie konnten es nicht tun, weil ihnen der Zugangscode fehlte. Apples Geräte sind so konzipiert, dass sie nach 10 fehlgeschlagenen Anmeldeversuchen nicht mehr zugänglich sind, und das Unternehmen hat keine Anstrengungen unternommen, eine Hintertür einzurichten. Dort hätte dieser legitime Beweis für immer vernichtet werden können, wenn nicht für die Bundes-Hacker. Es ist beunruhigend, dass der Fünfte Verfassungszusatz verwendet werden kann, um den Vierten zu untergraben.

Um dieses Problem anzugehen, hat der Oberste Gerichtshof eine "vorhersehbare Tatsache"-Regel geschaffen, die in solchen Fällen angewendet wird. Sie besagt, dass der Besitzer gezwungen werden kann, den Zugangscode oder andere Zugangsinformationen des Geräts preiszugeben, wenn der Staat nachweisen kann, dass er bereits Kenntnis von den in dem Gerät gespeicherten Informationen hatte. Leider ist dieser Maßstab etwas offen. Die Urteile sind inkonsistent, da Gerichte unterschiedliche Ansätze haben, wie weit oder eng er angewendet werden soll. Fälle, die sowohl den Fünften als auch den Vierten Verfassungszusatz - Durchsuchung und Beschlagnahme - betreffen, führen oft zu diesen widersprüchlichen Entscheidungen. Der Oberste Gerichtshof lehnte es ab, den Fall Jones gegen Massachusetts im Jahr 2019 zu prüfen, als ihm die Gelegenheit gegeben wurde, Klarheit in diesen Fragen zu schaffen, sodass es noch einige Zeit dauern wird, bis wir eine abschließende Lösung erhalten.

Doch das ist erst der Anfang der Probleme, da die Echtzeit-Datenerfassung durch Dritte die tatsächliche Verletzung der Privatsphäre überflüssig machen kann. Medizinische Aufzeichnungen wurden bei Diskussionen über Selbstbelastung bisher oft ausgeschlossen, da sie als Beweismittel und nicht als Aussage eingestuft wurden. Vor kurzem entschied ein Richter jedoch, dass die Daten eines Herzschrittmachers zulässig sind, um die Herzfrequenz des Angeklagten zum Zeitpunkt einer Straftat nachzuweisen. Das Gericht argumentierte, dass es in einem menschlichen Körper weit sensiblere Informationen gibt als die Herzfrequenz. Da die Herzfrequenz jedoch von einer Reaktion des Nervensystems kontrolliert wird, könnte man auch argumentieren, dass dies ein grober Einblick in den Geist des Angeklagten ist. Ist die Reaktion deines Nervensystems zum Zeitpunkt einer Straftat so einfach wie ein zurückgelassener Fingerabdruck? Die Gerichte haben noch keine klare Abgrenzung zwischen Geist und Körper festgelegt, was für den Umgang mit Fragen rund um BCIs und Selbstbelastung von entscheidender Bedeutung sein wird. Hier würde ein grundlegender Schutz für aus Gedanken gesammelte Daten einen Schutz für die geistige Freiheit bieten. Andernfalls bleiben uns Schlupflöcher, die dem Staat Zugang zu unseren persönlichsten Gedanken und Motivationen ermöglichen, was dem Geist des Fünften Verfassungszusatzes deutlich zuwiderläuft.

Darüber hinaus werden diese BCI-Geräte Daten speichern. Möglicherweise wird der Fünfte Verfassungszusatz dadurch weniger relevant, da Unternehmen riesige Mengen an neuralen Daten speichern, die unter den Schutz des Vierten Verfassungszusatzes fallen. Wenn die Daten auf einem Gerät eines Drittanbieters wie einer Gesundheits-App gespeichert sind, sind sie nicht durch den Vierten Verfassungszusatz geschützt. Gemäß der Drittanbieter-Doktrin verzichtest du auf jegliche Privatsphäreerwartung, sobald du freiwillig deine Informationen an ein Unternehmen weitergibst, das einen Dienst anbietet. Diese Richtlinie wird häufig auf Telefonprotokolle angewendet, aber ist dies der Standard, den wir für komplexe neuronale Geräte haben wollen?

Wir müssen einige neue Datenschutzregeln für das 21. Jahrhundert schaffen, die mit den neuen Fähigkeiten der Technologie Schritt halten können, nicht nur unseren Körper, sondern auch unseren Geist zu beurteilen. Wir sollten die Drittanbieter-Doktrin aktualisieren, damit kognitive Daten besser geschützt sind. Die Gerichte werden zwangsläufig weitere Tests basierend darauf interpretieren und anwenden müssen, aber sie benötigen eine Grundlage, um kohärentere und einheitlichere Meinungen zu entwickeln. Wenn wir nichts tun, könnte der Fünfte Verfassungszusatz geschwächt werden, bis er letztendlich seine Unwirksamkeit erreicht.

Es gibt kein Halten der Technologie zum Lesen von Gedanken

Roboter sind nun in der Lage, menschliche Gedankenmuster zu lesen. Es gibt nicht viel, was sie daran hindern kann, das zu bekommen, was sie wollen. Entscheidungsträger versuchen, mit der schnellen Entwicklung von Technologien Schritt zu halten, die ihnen ermöglichen, in das menschliche Gehirn zu schauen. Um das Verhalten von Mäusen zu manipulieren, hat Rafael Yuste 2019 erfolgreich Bilder in ihre Gehirne implantiert. Der Neurologe hat eine düstere Warnung ausgegeben, dass die Menschen als nächstes an der Reihe sind, diese Behandlung zu erhalten. Neurotechnologie, bei der Maschinen direkt mit menschlichen Neuronen interagieren, hat das Potenzial, bei der Erforschung und Behandlung von Krankheiten wie Alzheimer und Parkinson zu helfen, sowie bei der Entwicklung von Prothesen und Sprachtherapie, wenn sie ethisch eingesetzt wird. Doch unkontrollierte Neurotechnologie hat das Potenzial, die schlimmsten Auswüchse von Unternehmen und Staaten hervorzurufen, wie zum Beispiel voreingenommene Strafverfolgung und Verletzungen der Privatsphäre. Jetzt arbeiten Neurologen, Philosophen, Rechtsanwälte, Menschenrechtsaktivisten und Entscheidungsträger zusammen, um das Gehirn als letzte Bastion der persönlichen Privatsphäre zu schützen. Sie wollen nicht verboten werden. Yuste, der das Neurorights-Projekt der Columbia University leitet, und andere Befürworter setzen sich stattdessen für eine Reihe von Regeln ein, um das Recht der Bürger auf Privatsphäre in ihren geistigen Prozessen zu schützen und ihnen dennoch die gesundheitlichen Vorteile zugutekommen zu lassen, die daraus resultieren können.

Viele Menschen sind verständlicherweise besorgt über die potenziellen Gefahren der Neurotechnologie, insbesondere angesichts des Interesses, das Regierungen, Armeen und Unternehmen an diesem Bereich zeigen. Die Vereinigten Staaten und China sind beide führend in der KI- und Neurowissenschaftsforschung. Das US-Verteidigungsministerium forscht an Tools zur Modifikation des Gedächtnisses. Auch Unternehmen wie Facebook und Elon Musks Neuralink machen in diesem Bereich Fortschritte, nicht nur Wissenschaftler. Die ersten kommerziell erhältlichen Neurotech-Wearables sind kürzlich aufgetaucht. Das amerikanische Unternehmen Kernel hat einen Verbraucher-Kopfhörer auf den Markt gebracht, der in der Lage ist, neuronale Aktivitäten in Echtzeit aufzuzeichnen. Für diejenigen, die ihre Stimme lieber nicht nutzen möchten, hat Facebook die Erforschung einer Gehirn-Computer-Schnittstelle unterstützt. (Diesen Sommer haben sie sich zurückgezogen.) Im April 2021 veröffentlichte Neuralink, ein Unternehmen, das Gehirnimplantate entwickelt, ein Video, in dem ein Affe mit Hilfe des implantierten Chips des Unternehmens ein Spiel mit seinem Verstand spielt. Er bemerkte: "Das Problem ist, wofür diese Technologien genutzt werden können." Einige der Beispiele sind einfach beängstigend. Gehirnscans wurden verwendet, um die Neigung von Straftätern zur Wiederholung von Straftaten vorherzusagen, und in China haben Arbeitgeber solche Technologien genutzt, um die Emotionen ihrer Mitarbeiter zu erfassen. In der Vergangenheit haben Forscher auch gewöhnliche Haushaltsgegenstände verwendet, um heimlich nach sensiblen Informationen zu spähen. "Die Aussicht auf eine hybride Person mit tiefgreifenden Auswirkungen auf unsere Spezies steht auf dem Spiel, und das ist ein großes Problem", sagte er. Yuste ist der Ansicht, dass die Zeit gekommen ist, um zu entscheiden, ob dieser Wandel vorteilhaft oder nachteilig ist. Die aktuelle Neurotechnologie ist nicht in der Lage, mentale oder emotionale Inhalte zu lesen. Mit der Entwicklung von KI könnte dies jedoch unnötig werden. Überlegene maschinelle Lernalgorithmen könnten Verbindungen zwischen der internen Gehirnaktivität und der weiteren Welt herstellen. Laut dem Bioethiker Marcello Ienca von der ETH Zürich genügt "eine KI, die so ausgefeilt ist, dass sie Muster erkennen und korrelative Verbindungen zwischen bestimmten Datenmustern und bestimmten mentalen Zuständen herstellen kann", um Datenschutzbedenken aufzuwerfen. Forscher haben bereits mit Hilfe eines maschinellen Lernsystems Kreditkartennummern aus der Gehirnaktivität einer Person abgeleitet. Ähnlich wie bei der Verwendung von Lügendetektortests zuvor wurden Gehirnscans im Strafjustizsystem zu diagnostischen Zwecken und zur Vorhersage von Straftätern, die wahrscheinlich weitere Straftaten begehen werden, eingesetzt. Da Personen nichtweißer Hautfarbe überproportional von algorithmischer Vorurteilsbildung betroffen sind, kann dies verheerende Auswirkungen auf ihr Leben haben. Um es konkret auszudrücken: "Warum sollte der Staatsanwalt zu solch einer Technologie nein sagen, wenn zum Beispiel die Lügendetektion oder die Erkennung von Erinnerungen laut der Wissenschaft genau genug erscheinen?" sagte Sjors Ligthart, ein Rechtsprofessor an der Universität Tilburg, der die ethischen und rechtlichen Auswirkungen des erzwungenen Lesens von Gedanken untersucht. Experten zufolge stellen sich Fragen der Verantwortung, da nicht klar ist, ob implantierte Gedanken erzeugt oder aus dem Gehirn stammen. Da KI zunehmend als Vermittler zwischen Menschen und ihren eigenen Gedanken fungiert, "kann man nicht feststellen, welche Aufgaben von einem selbst und welche Gedanken von der KI erledigt werden", warnte Ienca. Die Neurotechnologie zwingt Gesetzgeber dazu, sich mit einer bisher nicht behandelten Frage auseinanderzusetzen: der Notwendigkeit, die Autorität der Person über die Gedanken, die sie trägt, festzustellen. Chile arbeitet an dem weltweit ersten Gesetz zum Schutz dieser "neurorights" für seine Bürger. Nach Angaben des federführenden Senators Guido Girardi wird die Maßnahme ein Registrierungssystem für Neurotechnologien einführen, das dem für Arzneimittel ähnelt, und die Verwendung solcher Technologien wird die informierte Zustimmung sowohl der Patienten als auch ihrer Ärzte erfordern. Unsere Mission ist es sicherzustellen, dass "KI für Gutes genutzt werden kann, aber niemals zur Kontrolle eines Menschen", wie Girardi es ausdrückte. Spanien verabschiedete im Juli eine unverbindliche Charta für digitale Rechte, die als Leitfaden für zukünftige Gesetzgebung dienen soll. Die Datenschutzanwältin Paloma Llaneza González sagte: "Der spanische Ansatz besteht darin, die Geheimhaltung und Sicherheit der Daten zu sichern, die mit diesen Gehirnaktivitäten verbunden sind, und die volle Kontrolle der Person über ihre Daten zu gewährleisten." Man kann jemanden aufgrund seiner Überzeugungen diskriminieren, daher "wollen wir die Würde der Person, die Gleichheit und die Nichtdiskriminierung schützen", fügte sie hinzu. Die in Paris ansässige OECD-Gruppe vorwiegend wohlhabender Länder hat nicht verbindliche Grundsätze zur Neurotechnologie vereinbart, darunter eine Liste neuer Rechte, die den Schutz des Rechts Einzelner auf Privatsphäre und kognitive Autonomie sicherstellen sollen.

Das Problem besteht darin, dass es nicht offensichtlich ist, ob die aktuelle Regulierung, die nicht mit Neurotechnologie im Hinterkopf entwickelt wurde, ausreichend ist. Mit der Neurotechnologie "brauchen wir" tatsächlich eine neue Betrachtung der bestehenden Rechte, wie Ligthart es ausdrückte. Die Europäische Menschenrechtskonvention ist ein mögliches Ziel, da sie Rechte wie das Recht auf Privatleben schützt, das auf das Recht auf Gedanken ausgeweitet werden könnte. Empfindliche Informationen wie Krankengeschichte und religiöse Zugehörigkeit sind durch die Datenschutz-Grundverordnung (DSGVO) Europas geschützt. Dennoch legen Untersuchungen von Ienca und Gianclaudio Malgieri an der EDHEC Management School in Lille nahe, dass mentale Prozesse möglicherweise nicht unter das Gesetz fallen. Yuste behauptet, dass die Vereinten Nationen und andere internationale Gremien handeln müssen, bevor weitere Fortschritte in der Technologie gemacht werden. Anstatt "zu warten, bis wir ein Problem haben und es dann zu spät ist, um es zu reparieren", wie bei Internet, Datenschutz und KI, "möchten wir etwas intelligenteres tun", fügte Yuste hinzu. Die heutigen Datenschutzbedenken werden im Vergleich zur Zukunft wie "Peanuts" erscheinen.

Conclusion

Deine sexuelle Orientierung und politische Ausrichtung können aus den Daten, die von deinem Internetbrowser, deinem geografischen Standort, den von dir ausgefüllten Online-Formularen und den von dir getippten Wörtern generiert werden, abgeleitet werden. Bedenke die Auswirkungen, wenn deine mentalen Prozesse überwacht werden. Mit dem Fortschreiten der Gehirn-Maschine-Schnittstellen werden wir uns mit dieser Sorge auseinandersetzen müssen, da sie eine direkte Kommunikation zwischen Computer und Gehirn ermöglichen werden.

Die Gedankenlese-Technologie existiert, und es gibt derzeit Verbrauchergeräte, die in der Lage sind, subtile neuronale Signale aufzunehmen. Zum Beispiel nutzen Marketingforscher Elektroenzephalografie (EEG)-Headsets, um die unbewussten Reaktionen von Verbrauchern auf Produkte und Werbung zu untersuchen. Wenn sie ausgewertet werden, kann "diese geistige Daten wichtige Informationen über eine Person offenlegen", sagt Pablo Ballarn, Mitbegründer der Cybersicherheitsfirma Balusian.

Die Sicherheitsprobleme in der Neurotechnologie sind nicht einzigartig; sie spiegeln diejenigen in anderen digitalen Branchen wider und umfassen das Potenzial für Belästigung, organisierte Kriminalität und den Handel mit persönlichen Daten. Doch Gehirndaten haben eine neuartige Struktur. Sie werden im Gehirn gebildet und können wichtige medizinische Informationen sowie Hinweise auf unsere Identität und die intimen Mechanismen, die unsere persönlichen Entscheidungen steuern, enthalten.

Um zu zeigen, wie real diese Bedrohung ist, haben Wissenschaftler versucht, in weit verbreitete Neurotechnologien einzudringen. Ihre Mission besteht darin, Sicherheitslücken zu identifizieren, indem sie Informationen stehlen, die von Cyberkriminellen genutzt werden könnten. Forscher haben gezeigt, dass es möglich ist, Schadsoftware in eine Gehirn-Maschine-Schnittstelle (BMI) zu installieren, die für das Spielen von per Gedanken gesteuerten Videospielen verwendet wird.

Indem sie unterschwellige Bilder in das Spiel einbetten, können Hacker die unterbewusste Reaktion des Spielers auf verschiedene Reize testen, wie zum Beispiel Namen, Adressen und Gesichter. Auf diese Weise konnten sie Informationen wie die Adresse einer Person und ihre Kreditkarten-PIN herausfinden.

Als Telekommunikationsingenieur und Experte für Cybersicherheit hat Ballarn einige Geräte getestet. Er hat ein beliebtes EEG-Headset kompromittiert und Gehirnaktivitätsdaten gestohlen, die an ein nahegelegenes Mobiltelefon übertragen wurden. Er warnt davor, dass "wenn man diese Signale decodieren kann, man Informationen über Krankheiten, kognitive Fähigkeiten oder sogar die Vorlieben eines Benutzers erhalten kann", was auch sensible Informationen wie sexuelle Orientierung umfassen könnte.

Im schlimmsten Fall könnte ein Angreifer eine bidirektionale Schnittstelle ausnutzen, um dem Benutzer oder anderen Personen physischen Schaden zuzufügen. Eine solche Schnittstelle würde nicht nur Gehirnsignale lesen, sondern auch aussenden, zum Beispiel in Form von Nervenimpulsen (an einen Prothesenarm, einen Rollstuhl oder das Nervensystem selbst). Um einen möglichen Mordanschlag durch das Hacken von Dick Cheneys Herzschrittmacher im Jahr 2007 zu verhindern, mussten Ärzte den drahtlosen Zugriff auf das Gerät komplett deaktivieren.

Die Autoren geben jedoch zu, dass die von bestimmten Benutzern bereitgestellten Daten dazu verwendet werden könnten, "gute genug" Rückschlüsse auf andere zu ziehen, die einen höheren Wert auf Privatsphäre legen. Wir setzen uns für strenge Vorschriften zum Verkauf, zur kommerziellen Übertragung und zum kommerziellen Einsatz von Gehirndaten ein. Gesetze, die den Verkauf von menschlichen Organen verbieten, "können ähnlich sein wie Beschränkungen, die verhindern, dass Menschen ihre neurologischen Daten preisgeben oder ihre neuronale Aktivität für finanzielle Belohnungen direkt in ihre Gehirne schreiben", schrieben Yuste und seine Kollegen in dem Artikel.

Als letzten Schritt schlagen sie vor, Technologien wie Blockchain und föderiertes Lernen einzusetzen, um zu verhindern, dass Gehirnsignale in zentralisierten Datenbanken verarbeitet werden. In ähnlicher Weise hat eine andere Gruppe von Forschern der University of Washington vorgeschlagen, dass neurotechnologische Geräte eine In-situ-Trennung von Gehirnwellenkomponenten vor der Übertragung durchführen. Eine Gehirn-Maschine-Schnittstelle würde nur diejenigen Gehirnwellenanteile übertragen, die Informationen über die beabsichtigte Bewegung enthalten, während emotionale Empfindungen beispielsweise ausgelassen werden. Indem wir die Menge der gespeicherten und übertragenen Roh-Gehirndaten reduzieren, können wir das Risiko von Kriminellen, wertvolle Informationen zu stehlen, verringern.

Allerdings haben unabhängige Forscher auf die erheblichen Leistungsanforderungen hingewiesen, die diese Methode an neurotechnologische Geräte stellt, da sie neben Gehirnwellensensoren auch Rechenleistung erfordern werden. Darüber hinaus beeinträchtigt der Ausschluss des Zugangs zum Rohsignal das Potenzial für die Entwicklung zusätzlicher Software.

Die Herausforderung, die Datenschutzbedenken im Zusammenhang mit Neurotechnologie zu lösen, wurde gestellt. Ballarn argumentiert, dass eine internationale Regulierung notwendig ist, um Cybersicherheitslösungen bereitzustellen. Gesetze werden jedoch immer zu spät erlassen, um "alte Probleme" zu beheben. Daher liegt es an den Herstellern und Entwicklern, potenzielle Schwachstellen in ihren Produkten vorauszusehen. Verbraucher haben letztendlich das letzte Wort, indem sie mit ihrem Geldbeutel abstimmen, aber nur, wenn sie sich der potenziellen Nachteile und dessen, was für sie am besten ist, bewusst sind.

www.ingramcontent.com/pod-product-compliance
Lightning Source LLC
Chambersburg PA
CBHW052150220526
45471CB00004B/1614